大谷翔平の社会学

内野宗治
Muneharu Uchino

日本という国を覗き見るのに野球ほど便利な窓はない、とボクは考えた。野球はビジネスであり、ゲームであり、大観衆を魅了するスポーツだ。しかも、日米両国の文化を、知性と感情の両面で比較できる共通の尺度でもある。日本社会に適応するよう、野球がどのように修正されたかを調べてみれば、東洋と西洋の相違点を数多く把握できるにちがいない。

（ロバート・ホワイティング『菊とバット』１９９１年）

はじめに

球界のスターを突如襲った初の大スキャンダル

２０２４年3月21日、日本社会とアメリカ球界に衝撃が走った。大谷翔平の専属通訳を務める水原一平氏が、違法賭博に関与した疑いでロサンゼルス・ドジャースを解雇されたと報じられたのだ。

野球ファン、とりわけ大谷ファンにとっては寝耳に水、あまりに突然のショッキングなニュースだった。

この件が報じられた当日、僕は韓国の首都ソウルにいて、地下鉄車内でニュースを目にした。その日の夜、ソウル市内の繁華街にあるスポーツバーで、前日に知り合ったアメリカ人男性と日本人女性のカップルと一緒に、ドジャース対サンディエゴ・パドレスの開幕シリーズ第2戦を店内のスクリーンで見ていた。

試合を見ながら、僕は大谷と水原氏を巡るニュースについて、一緒にいたアメリカ人男性に話を振った。すると、熱心なパドレスファンであり、現在は日本に暮らしている彼はこう言った。

「大谷がギャンブルをしていたんじゃないか？　通訳がいったい、どうやって何百万ドルという大金を選手の口座から持ち出せるんだ？　ありえない」

「大谷は今や球界の顔だから、もし大谷が何かやらかしたら、ドジャースもＭＬＢ（メジャーリーグ）も彼を何としてでも守るだろう」

彼の説は、今や超スーパースターである大谷がプライベートで犯した過ちを、球界が世間から隠すため、大谷の側近である水原氏が罪をかぶったのではないか、というものだった。つまり、大谷を守るために水原氏が生贄になった……と。

この信じられないような推測を耳にした僕はしかし「そんなことはありえない」と一蹴することはできなかった。彼が口にした「通訳がいったい、どうやって何百万ドルという大金を選手の口座から持ち出せるんだ？」というのは確かに、真っ当な疑問であるように思えたからだ。

水原氏の違法賭博を巡る騒動を経てなお、大谷の人気は相変わらずだが、たとえ大谷が（本人の言う通り）詐欺の完全なる被害者だったとしても、これまで大谷がまとっていた「清廉潔白」なイメージに少なからず傷をつけた。

大谷は3月26日に記者会見を開き、自身の潔白を主張したものの、この会見では記者からの質問を受け付けなかった。ＭＬＢによる調査が進行中だったため、まだ不用意にコメントできる状況ではなかったのだろう。大谷がこの問題について、自らの言葉で堂々と説明したことには称賛の声が上がった。しかし、質問を受け付けずに一方的な声明を発表したことに対しては、コミュニケーションの透明性と双方向性を重視するアメリカのメディアから批判の声も上がった。

ニュースを受けて、この文章を書いているのは3月27日で、第一報から1週間もたっていない。この本が世に出る頃にはきっと、多くの続報が出ていることだろう。

球界の大スターを突如襲った初の大スキャンダル。それは大谷が「結婚」というハッピーなニュースを世間に届けてから、1か月もたたずに起きた事件だった。

さかのぼって、大谷の結婚は世界でどのように受け止められていたのだろうか。

「大谷が結婚市場から消えた！」

〝Ohtani has been taken off the market…… again!〟（大谷が市場から消えた……またしても！）

大谷翔平が自身のインスタグラムで結婚を報告した直後の２０２４年３月１日、ＭＬＢ公式サイトにこんな見出しが躍った。

〝the market〟（市場）とは「結婚市場」のことだ。そして〝again!〟（またしても！）というのは、大谷が約３か月前にロサンゼルス・ドジャースと10年総額７億ドル（当時のレートで約１０１５億円）という「スポーツ史上最高額」で契約を結び、ＭＬＢのフリーエージェント（Ｆ

Ohtani has been taken off the market ... again!

March 1st, 2024

Juan Toribio

Share

GLENDALE, Ariz. -- Even as his legend and worldwide popularity grows, Dodgers superstar Shohei Ohtani remains an extremely private person. It's unusual for him to reveal anything about himself outside of the playing field.

大谷の結婚を報じるMLB公式サイトの記事（2024年3月1日）

A）市場を賑わせたことを指している。大谷がＦＡ市場からだけでなく結婚市場からも消えてしまった……というわけだ。

稀代のスーパーアスリート、そして今や日本一のセレブリティである大谷の結婚は、日本のメディアだけでなく国際的にも大きく報じられた。たとえば、イギリスのＢＢＣは大谷の結婚を伝える記事で、大谷を〝one of Japan's most eligible bachelors〟（日本の最も理想的な独身男性の一人）、さらには〝Japanese nation's sweetheart〟（日本の恋人）と表現した。

「日本の恋人」大谷翔平と「アメリカの恋人」テイラー・スウィフト

この「日本の恋人」という表現から僕が連想したのは、２０１０年代に〝America's sweetheart〟（アメリカの恋人）とまで称された世界的歌手のテイラー・スウィフトだ。

２０２４年のグラミー賞で史上最多となる自身４度目の「年間最優秀アルバム賞」を受賞したテイラーは、その類いまれなる音楽的才能と誰もが振り返る美貌、そしてライブやＳＮＳを通じた現代的なコミュニケーションを駆使して世界中にファンを増やし、今では彼女の言動がアメリカの大統領選挙に影響を与えるとさえ言われる。

幼少期をペンシルベニア州のクリスマス・ツリー農場で過ごし、英国式乗馬が趣味だったというテイラーは、もともと素朴なカントリー・ミュージック畑の出身だ。が、華やかなエンターテインメント産業がその才能をほっておかず、彼女は20代半ばでポップ・ミュージックシーンの頂点に上り詰めた。そして30代半ばとなった現在、自身の信念に基づき政治的なメッセージを発することを厭わないテイラーは〝America's sweetheart〟（アメリカの恋人）を超えて、今日のグローバル社会を代表するアイコン的な存在になっている。


「日本の恋人」大谷翔平と、「アメリカの恋人」テイラー・スウィフト。

一見すると何の関係もなさそうな二人だが、両者ともに極めてローカルなバックグラウンドを持ちながら、若くしてグローバルスターになったという共通点がある。岩手の片田舎出身の大谷が20代半ばでMLBの頂点に上り詰めた姿は、クリスマス・ツリー農場育ちのテイラーが音楽で世界的成功を収めた姿と重なる。

1989年生まれのテイラーは、2010年代にポップ・スターとしての地位を確立したが、2020年代に入り（あるいはコロナ禍を境に）その創作活動は一段上のレベルへと到達した。近年は『Folklore』『Evermore』『Midnights』といった意欲的なアルバムを次々と発表し、いずれも大ヒット。2023年3月からは、約1年8か月をかけて世界5大陸で計152公演を行う「ザ・エラス・ツアー」を開催中だ。2023年12月には、アメリカの雑誌『TIME』がテイラーを〝Person of the year〟(今年の顔)に選出した。

テイラーは心身ともに充実した30代に入り、アーティストとしてますます輝きを増しているが、1994年生まれの大谷は現在(2024年3月時点)29歳。新しいユニフォームに袖を通し、さらには結婚をし、これから勝負の30代を迎える。

〝Japanese nation's sweetheart〟(日本の恋人)を卒業した大谷は、今後の10年間でドジャースの一員としてどんな活躍を見せてくれるのか? 野球選手としての活躍に注目が集まるのはもちろんだが、それだけでなく、この社会にどんな影響を与える存在になるのか?

アメリカにおいて一流アスリートは、単に優れたスポーツ選手であるだけでなく、社会的なロールモデルであることを求められる。社会問題に対して積極的にコミットし、率先して世界をよりいい方向へと変えていく存在であることを求められる。MLBで毎年、野球で優れた成績を収めたのみならず社会貢献活動に最も尽力した選手に贈られる「ロベルト・クレメンテ賞」は、メジャーリーガーにとって「ＭＶＰよりも価値がある賞」とされている。

ＭＬＢですでに2度のＭＶＰを受賞している大谷にとって、「3度目のＭＶＰ」や「ワールドシリーズ優勝」は、もはや憧れではなく現実的な目標だ。野球での活躍はもちろんだが、個人的にはぜひ、大谷に日本人選手初の「ロベルト・クレメンテ賞」を目指してほしい。少なくとも、この賞に値するくらいのポジティブな社会的影響力を発揮することがもはや義務と言ってもいい立場に、現在の大谷は置かれている。

もし大谷がＭＶＰにワールドシリーズ優勝、そしてロベルト・クレメンテ賞まで受賞するようなシーズンを送れば、テイラーと同じく『ＴＩＭＥ』の〝Person of the year〟（今年の顔）に選ばれることも夢ではないかもしれない。テイラーは２０２３年、34歳の年に

大谷が結婚を発表した直後、コンビニに並ぶ女性誌（2024年3月、筆者撮影）

〝Person of the year〟(今年の顔)に選ばれたが、2028年には大谷も34歳になる。野球選手としてはベテランと呼ばれる年齢だが、ドジャースで5年目のシーズンを迎えているはずのこのころには、アスリートとしてだけでなく「社会人」としても今以上に成熟しているはずだ。

……と、勝手な妄想が膨らむが、まずは目先の2024年、ドジャース1年目の大谷がフィールド内外でどんな活躍を見せるのか、焦らずじっくりと見守りたい。

目次

第1章

大谷翔平という「社会現象」

カリフォルニア州の税制にまで影響を与える男

大谷翔平という「社会現象」を通して、僕らが生きているこの日本社会について、さらには国際社会について考えてみよう、というのが本書の趣旨である。

大谷翔平が社会現象？　確かに大谷は日本を代表するアスリートで、その人気や知名度は群を抜いている。今や世界的にもスーパースターだ。とはいえ、たかが野球選手じゃないか、社会現象だなんて大袈裟な！と、訝かる人がいるかもしれない。でも、大谷が「たかが野球選手」の域をはるかに越えていることを示すエピソードはいくつもある。

たとえば２０２４年１月、日本でテレビ視聴率の調査などを行うビデオリサーチ社が「２０２３年に最も高視聴率を記録した番組トップ30」を発表したが、３月に行われた「野球の世界一決定戦」ワールド・ベースボール・クラシック（ＷＢＣ）に関連する番組がランキングの１位から９位までを独占した（10位はＮＨＫ紅白歌合戦）。２０２３年のＷＢＣが日本でこれほど注目されたのは、間違いなくチームの中心選手に大谷がいたからだ。

大会期間中とその前後、日本のメディアに大谷が登場しない日はなかった。アメリカとの決勝戦で９回表、大谷がマイク・トラウトから三振を奪って「侍ジャパン」の世界一を決めた瞬間、関東地区での瞬間最高視聴率は46％を記録した。平日の昼間にもかかわらず、テレビのある家の約半分で、大谷が勝利の雄叫びをあげるシーンが画面に映っていたということになる。

また、２０２３年12月に大谷がロサンゼルス・ドジャースと10年総額７億ドル（約１０１５億円）という超大型契約を結んだ際も、日本のメディアは大谷一色となった。ロサンゼルスの午後３時（日本時間午前８時）に行われた入団会見は民放各局で生中継され、ＮＨＫも８時15分に「朝ドラ」が終わるやいなや速報した。ワイドショーは大谷に関する情報を「スポーツニュース」ではなく、政治経済、社会などと同列の主要ニュースとして扱った。大谷の超大型契約はアメリカのウォール・ストリート・ジャーナルやフォーブスといった経済メディア、イギリスのＢＢＣなど国際的なメディアでも大々的に報じられた。

さらに、大谷とドジャースの契約は双方の合意により、年俸総額の97％が契約期間満了後の２０３４〜２０４３年に「後払い」されるという異例の内容だったが、この契約内容が思わぬ物議を醸した。ドジャースが本拠地を置くカリフォルニア州の会計監査官が、大谷の契約について「無制限の後払いは税の公平な分配を妨げている」との声明を発表し、税制の見直しを要求したのだ。通常なら１年ごとに支払われる年俸の大部分が後払いとなることで、大谷が州に納付する税額が減り、結果として州の税収が減ることを問題視したのだ。金額が巨大なためにその影響は大きく、もし大谷が後払いされる期間にカリフォルニア州外へ転居した場合、州は9800万ドル（約141億円）の税収を失うとのことだった。カリフォルニア雇用・経済センターの試算によると、この金額は2021年における納税者の下位178万人分に相当する。

大谷が年俸の大部分を「後払い」で受け取ることは、日本では「自分を犠牲にしてチームの財政を助ける」美談として扱われたが、アメリカでは逆に「税の公平な分配を妨げる」身勝手な行為と見なされたのだ。

貧富の差が激しいアメリカでは、大谷のような高給取りにはガッツリ稼いでもらい、そのぶんたくさん税金を収めてくれ、という話になるのだろう。いずれにしても大谷の超大型契約は、アメリカ財政に関わる議論にまで発展したのだ。ここまでくるともう「たかが野球選手」とは言えない。社会的な影響力は、スポーツやアスリートの域を越えている。

スペイン語のラップに登場した〝Ohtani〟

実際に大谷は2021年、アメリカの有名雑誌である『TIME』が発表した「世界で最も影響力のある100人」に選出された。

同誌が毎年発表しているこのリストは「アイコン」「リーダー」「アーティスト」など6つのカテゴリーに分かれており、大谷は「アイコン」部門で選ばれた。同じ「アイコン」部門にはほかにヘンリー王子とメーガン妃のサセックス公爵夫妻、歌手のブリトニー・スピアーズ、テニス界のスター大坂なおみら、そうそうたる顔触れが並ぶ。「リーダー」部門ではアメリカのジョー・バイデン大統領やドナルド・トランプ前大統領らが名を連ねた。

ちなみに、このリストの「アーティスト」部門に選出されたプエルトリコ出身の世界的ラッパー、バッド・バニーは2023年、スペイン語で歌う新曲の歌詞にこんな一節を乗せた。

〝Pichando y dando palos como Ohtani〟（オータニのように投げて打つ）

大谷の名前が、グラミー賞アーティストの歌にまで登場したのだ（しかもスペイン語で）。

大谷と同じ1994年生まれのバッド・バニーは、英語ではなくスペイン語の歌詞にこだわるという、グローバルな成功を収めたラテン系ミュージシャンとしては異例のスタイルを貫いている。アメリカや英語圏の文化に迎合するのではなく、自身が生まれ持つ文化的アイデンティティを前面に出しながら世界的に成功を収めた点は、大谷が変にアメリカナイズされることなく「日本人」のまま活躍している姿にも通じる。ちなみにバッド・バニーは大の日本好きとして知られている。たとえば「与那国」をテーマにした曲を発表したり（曲名はズバリ「Yonaguni」）、マイアミで日本食レストラン「Gekko（月光）」をオープンしたりしている。バッド・バニーが大谷について歌ったのは、彼が親日家であることと関係があるのかもしれない。

純度の高いラティーノ文化をアメリカで大ヒットさせたバッド・バニーと同じく、アジア人の大谷はアメリカでは「人種的マイノリティ」のレッテルを貼られる。アメリカで近年、黒人差別に抗議する「ブラック・ライブズ・マター運動」や女性の人権を訴える「#MeToo運動」が盛り上がったことは記憶に新しい。人種や性的マイノリティへの差別撤廃を訴えるリベラルな価値観が支配的な今日のアメリカで、大谷の活躍は「アジア人アスリートの成功」という文脈で語られることは避けられない。そういう意味でも大谷の存在は、本人が意図せずして「社会現象」になってしまっている。

2021年の日本で最も「はやった」大谷翔平

僕が大谷の存在を「社会現象」だと肌で感じるようになったのは、大谷がメジャーリーグ（MLB）で自身初のMVPを獲得した2021年のことだ。メジャー4年目の大谷が投打二刀流で大活躍したこの年、まだ終わりの見えないコロナ禍に悶々としていた日本列島に空前の大谷フィーバーが巻き起こった。

テレビのニュース番組は新型コロナの感染者数や天気予報と同じように、連日、大谷の活躍を報じた。大谷が投げた、打ったという話だけでなく、彼がチームメイトにどれだけ愛されているか、アメリカメディアがどれだけ絶賛しているか、どんな道具を愛用しているか、さらには大谷が何を食べ、どんな服を着て、どんなビデオゲームをし、子どものころはどんな漫画を読んでいたか……といった話が延々と紹介された。アナウンサーは政治や経済に関するニュースを深刻そうな表情で読み上げた後、一転して笑顔で「今日の大谷翔平」を語り始める。今の日本にとって大谷の活躍は唯一かつ最大の明るいニュースであり、日本人の希望の星である！と言わんばかりに。

日本の公共放送であるＮＨＫは毎朝、ＢＳ放送で大谷が所属するロサンゼルス・エンゼルスの試合を放送した。ヤフー！ニュースのヘッドラインも大谷、コンビニに並んでいる各種スポーツ紙の一面も大谷だ。地下鉄車内に流れるニュース映像も渋谷スクランブル交差点の電光掲示板も大谷。すっかり在宅勤務が中心の日々で、たまに会社に行けば同僚たちが大谷の話をしており、休日に1歳の娘を連れて近所のカフェに入れば、隣に座った老夫婦も大谷の話題で持ち切り。家に帰ってテレビをつけ、ちょうど大谷のニュースをやっていると思ったら、歩行もおぼつかない娘が「オータニ！」と、まだ短い人生で覚えた数少ない単語のひとつを叫ぶ。僕がいつも家の中で、野球には興味ゼロの妻に「大谷がいかにすごいか」を懲りずに語っているから……。

２０２１年12月に日本で発表された「ユーキャン新語・流行語大賞」の年間大賞には、「リアル二刀流」と「ショータイム」が選ばれた。「リアル二刀流」は大谷が同じ試合に投手兼打者として出場することを表現した言葉で、「ショータイム」はアメリカで大谷の愛称として定着したものが日本に逆輸入された。「ユーキャン新語・流行語大賞」はスポーツだけでなく、政治や芸能などあらゆる分野のバズワードが対象になる。大谷はスポーツの域を越えて、日本で最も「バズった」のだ。

また、同じく２０２１年12月にＬＩＮＥリサーチが実施した「２０２１年にはやったと思うモノ、人、出来事」ランキングでも「大谷翔平」が断トツで１位に輝いた。大谷に続く２位は「マリトッツォ（イタリア発祥のスイーツ）」、３位は「東京２０２０オリンピック／パラリンピック」だった。東京で行われた世界最大の国際スポーツイベントよりも、地球の裏側でプレーする一人の野球選手のほうが日本では「はやった」のだ。

ちなみにランキングのトップ10にはほかに「黙食／マスク会食」「ＳＤＧｓ」「呪術廻戦」「ＢＴＳ」などがランクインした。個人としてランクインしたのは大谷翔平ただ一人、しかも堂々の１位である。そもそもスポーツ選手や大会が「はやりもの」として、お菓子やアニメと同列に扱われるってどうなのか、というツッコミはさておき。確かに２０２１年の大谷は「大ブーム」というべきセンセーションを巻き起こし、一躍、時の人となった。

以上のように、大谷は今やスポーツやアスリートという枠を軽々と超えて、その存在そのものが「社会現象」になっている。そして改めて、大谷翔平という「社会現象」を通じて僕らが生きるこの社会について考えてみる、というのが本書のねらいである。

まずは２０２３年春、ＷＢＣ期間中に巻き起こった「大谷フィーバー」を振り返ることから始めたい。

第2章

日本の「文化的アイコン」そして「神」になった大谷

年間45億円のスポンサー収入

２０２３年3月、東京。

約１４００万人がマスクで顔を隠して暮らす異様な大都市に、日本で最も有名な「顔」が舞い降りた。大谷翔平、言わずと知れた野球界のスーパースターだ。第５回ワールド・ベースボール・クラシック（ＷＢＣ）で「侍ジャパン」の中心選手となった大谷は、大会ＭＶＰに輝く大活躍で日本を熱狂の渦に包んだ。メディアは大谷の一挙手一投足を追いかけ、連日トップニュースで報じた。

テレビの報道番組はもちろん、ヤフー！ニュースのヘッドラインも、コンビニに並ぶスポーツ紙の一面も、野球ファンのツイッター（現・Ｘ）も大谷一色。ＪＲ渋谷駅には大谷がパートナーシップ契約を結ぶニューバランスの巨大広告が登場し、地下鉄車内や駅構内は大谷が出演するＪＡＬや化粧品メーカーコーセーのＣＭ映像がひっきりなしに流れる。どこに行っても大谷、大谷。まるでジョージ・オーウェルのディストピア小説『１９８４』で描かれた「ビッグ・ブラザー」のごとく、街中の至るところに大谷の顔があり、そのクールだが優しげな眼差しでこちらを見ている……。

「史上最強の侍ジャパン」と称されたこのチームにおいて、大谷は別格の存在感を放っていた。メディアやファンは大谷を、まるで神のごとく絶対的な存在として崇めた。

もっとも、日本における大谷フィーバーは今に始まったものではない。高校時代から160㎞の剛速球を投げ、特大のホームランを連発していた大谷は、18歳で北海道日本ハムファイターズに入団してプロ野球選手になって以降、常に注目を集め続けてきた。日本プロ野球機構（NPB）でプレーした5年間にはパシフィックリーグのMVPに輝く大活躍を見せ、23歳でアメリカに渡ると、メジャー1年目に新人王を獲得。そして4年目にはアメリカンリーグのMVPを受賞し、メジャーリーグ（MLB）全体で7年ぶりとなるコミッショナー特別表彰を受けた。大谷の今日に至るまでの華々しいキャリアは、まさに生きる伝説として常に日本ではトップニュースとなってきた。

東急田園都市線二子玉川駅構内のモニターに映るJALの広告（2023年3月、筆者撮影）

日本における大谷のプレゼンスは、もはやスポーツ選手の域をはるかに越えており、控えめに言って「日本最高のセレブリティ」になっている。このことは、大谷への破格のスポンサー料を見れば一目瞭然だ。

２０２３年３月にアメリカの経済誌『フォーブス』が発表した「世界で最も稼いでいるアスリート」ランキングによると、２０２３年の大谷の推定年収は約６５００万ドル（当時のレートで約85億円）で、ＭＬＢの選手としてはトップだった。その内訳は、約３０００万ドル（約40億円）が選手としての年俸で、残りの３５００万ドル（約45億円）がスポンサー料などフィールド外での収入となっていた。

大谷の活躍を伝えるMLB公式アプリのタイムライン（2023年6月27日）

ＭＬＢの選手として大谷に次いでスポンサー収入が多かったニューヨーク・ヤンキースの主砲、アーロン・ジャッジのスポンサー収入が４５０万ドル（約6億円）だから、大谷のスポンサー収入は文字通りケタ違いだ。この背景には、大谷が「日本市場での圧倒的なプレゼンス」というアドバンテージを有していることがある。大谷への莫大なスポンサー料を支払っている企業の多くは日本企業であり、そして日本国内には大谷に匹敵するだけの人気や知名度を誇るアスリートはいない。一方のジャッジの場合、たとえばバスケットボール（ＮＢＡ）のレブロン・ジェームズら、他競技のスター選手が強力なライバルとして存在している。

ちなみに、このランキングで総合1位に輝いたサッカー選手、リオネル・メッシの推定年収は1億3000万ドルで、うち5500万ドルがスポンサー収入だった。サッカーが（野球と違って）世界中でプレーされているスポーツであり、メッシが正真正銘のグローバルアイコンであることを考えると、大谷がほぼ日本とアメリカだけで、メッシの半額以上のスポンサー収入を得ている事実は驚きに値する。ちなみに大谷のスポンサー収入は2024年には、さらに額が増えて5000万ドル（約72億円）に達するとみられている。

2023年1月、大谷とパートナーシップ契約を結んだニューバランスのチーフ・マーケティング・オフィサーのクリス・デービスはこう表現している。

「日本での彼（大谷）は、まず第一に〝cultural icon〟（文化的アイコン）であり、第二に野球選手なのだ」

文化的アイコンである大谷に企業が莫大な投資をする理由は、それだけの経済的リターンを見込めると考えているからだ。たとえばコーセーのスキンケアブランド「コスメデコルテ」は、ＷＢＣ開催中の２０２３年３月に大谷を起用した広告を展開し、その翌日には百貨店での新規購入数が通常の３・６倍、公式オンラインブティックでの販売個数が通常の約20倍という数字を叩き出した。コーセーが大谷にいくら支払っているのかは不明だが、すさまじい「大谷効果」と言えよう。

渋谷スクランブルスクエアのデジタルサイネージに表示されたコスメデコルテの広告（2023年3月、筆者撮影）

では、なぜ人々は「大谷が広告に出ている」というだけで、それまでは買わなかった化粧品を買うのか？

単純に、話題性のある広告によって商品の認知度が上がり、それまで商品を知らなかった人たちにも知ってもらえた、ということもあるだろう。しかしそれ以上に重要なのは、高度に情報化した現代社会において、もはや商品の「機能」で差別化を図ることは難しく、商品が持つブランドイメージや物語性こそが消費者心理に影響を与えるということだ。たとえば化粧品なら「その製品にどんな成分が入っているか」という素人にはわかりにくく目に見えない情報よりも、洗練されたデザインのパッケージや百貨店における優雅な店構え、そして芸能人やアスリートを起用した広告などが消費者の購買意欲を刺激する。消費者は、たとえ大谷が広告に登場したからといって製品の中身が変わらないことはわかっている。それでも買うのは、大谷翔平というアイコンに付随するイメージ、あるいはメッセージ性に魅せられているからだろう。

もっとも、そのイメージやメッセージ性というのは多くの場合、マスメディアによって半ば恣意的につくられたものであって、必ずしも大谷翔平という生身の人間に備わったものではない。大半の人は大谷と話したこともなければ会ったこともないが、テレビやインターネットを通して「大谷翔平」のイメージを日々膨らませ、それを消費しているにすぎない。マスメディアは人々が期待する「大谷翔平」像を創出し、それに便乗した企業が人々の消費をあおる。それこそが、スマートフォンの画面から街中のデジタルサイネージに至るまで、生活のありとあらゆるシーンを広告が支配する現代資本主義の姿だ。

いずれにしても大谷は、単なるトップアスリートにとどまらず日本最高のセレブリティ、さらには日本という国の文化的アイコンとして、日本人の生活や消費行動にまで影響を与える存在になっている。

「出すぎた杭」

日本人はなぜ、これほどまでに大谷に熱狂するのだろうか?

わざわざ問うような話ではないかもしれない。大谷は日本で最高のアスリートであり、自国が生んだトップアスリートに夢中になるのは当然といえば当然だ。それにしても、近年の日本における大谷フィーバーはすさまじく、時に狂気のようでさえある。なぜ僕ら日本人が大谷に夢中になるのか、いま一度考えてみたい。

まずシンプルに大谷は、２０２４年の時点で世界最高の野球選手であるだけでなく、史上最高の野球選手であると言っても過言ではない。そうした事実が多くの日本人を興奮させている。

アメリカのＭＬＢ報道では、選手のことを〝product〟と表現することがある。たとえば野球大国として知られるベネズエラ出身の選手は〝Venezuelan product〟など、選手の出身地を頭につけて表記することが多い。それに倣うと大谷は紛れもなく〝Japanese product〟、すなわちメイド・イン・ジャパンの野球選手だ。かつて日本製の自動車や電化製品がアメリカ市場を席巻したように、大谷はアメリカ球界で旋風を巻き起こした。大谷が〝Japanese product〟であるという認識があるからこそ、僕ら日本人は彼の活躍を誇りに思う。

スポーツ選手に限らず、日本人が世界で活躍する姿を見るのは日本人にとって嬉しいものだ。そして大谷は「世界で活躍する日本人」を最高の形態で体現している。

また、大谷は世界最高の野球選手であるだけでなく、唯一無二の野球選手でもある。彼はＭＬＢ史上初の本格的な二刀流選手であり、現代野球では不可能と考えられていたことをとんでもなく高い次元でやってのけているのだ。大谷はナンバーワンであるだけでなく、オンリーワンでもある。

日本社会では「前例のないことはできない」「イノベーションが起きない」などと言われて久しいが、大谷はアメリカでも前例がなかったことを見事にやってのけており、その存在自体が最高にイノベーティブだ。年々閉塞感が高まっているように感じられる社会で生きている僕ら日本人にとって、アメリカで伸び伸びとプレーする大谷の姿はこれ以上なく眩しく映る。大谷こそは日本発のイノベーションだ。多くの人が「イノベーション」という言葉から連想するITやライフサイエンスといった分野ではなく、指導者による体罰がいまだ問題になるような野球界から大谷翔平という最高のイノベーションが生まれたという事実は面白い。日本人、あるいは日本人に限らず人間は「自由」のもとではなく「抑圧」の中でこそ、壁をぶち破り新しいものを生み出そうというパワーを発揮するのかもしれない。

そして、日本における大谷フィーバーを考えるうえで、大谷はあくまで「ひとりの選手」として成功している事実も重要だ。

たとえば、野球の日本代表は過去の国際大会でも好成績を残してきたし、近年はサッカーやラグビーの日本代表も躍進している。しかし、それらはあくまでも「チーム」としての成功であり、必ずしも「突出した個人」がいたわけではなかった。第１回そして第２回ＷＢＣで日本代表を連覇に導いたイチローは、ＭＬＢの殿堂入りが確実視されている偉大な選手だが、それでも大谷ほど突出した存在ではなかった。大谷と比べるのはもはやアンフェアだが、イチローはあくまでも「ＭＬＢ最高の選手のひとり」であり、また「ＭＬＢにおける日本人野手のパイオニア」でもあったが、それ以上ではなかった。今や多くの日本人選手が欧州でプレーするサッカーでも、たとえばメッシやクリスティアーノ・ロナウドらとバロンドール（世界年間最優秀選手）を争うような日本人選手は出ていない。

そんななかで大谷は、圧倒的に突出した選手として現れた。「ＭＬＢ最高の選手のひとり」どころではなく、野球史に残る絶対的なスーパースターである。

大谷は、野球というスポーツのルールさえも変えてしまった。ＭＬＢは２０２２年シーズンから「投手として出場した選手は降板後も指名打者としてラインナップに残ることができる」という、いわゆる「大谷ルール」を導入した。そのネーミングが示すように、今やＭＬＢの顔である大谷を可能な限り試合に出場させることを事実上の目的としたルール変更である。野球発祥の地、アメリカで野球のルールを変えてしまったのだから、大谷は文字通りの「ゲームチェンジャー」だ。既存のルール内で最高のパフォーマンスを見せるのが一流のアスリートだが、ルールそのものを変えてしまう大谷は異次元の存在と言うしかない。そんな選手が日本から出てきたという事実に、僕ら日本人は興奮を隠せない。

一般的に「突出した個人」を好まず「横並び」が善しとされる日本社会では、よく「出る杭は打たれる」と言われる一方で「出すぎた杭は打たれない」とも言われる。大谷は「出すぎた杭」だ。ここまで突出しているともはや誰もその杭を打つことはできず、称賛するのみ。そして僕ら日本人は「出る杭は打たれる」社会に生きているからこそ、心のどこかで「突出したヒーロー」を求めているのだろう。

自分自身が「出すぎた杭」になれないのならば、せめて別の誰かがそうなってくれないだろうか？　そんな日本人の深層心理に、最高のかたちで応えているのが大谷なのかもしれない。「出すぎた杭」に憧れる一方で、現実には「出る杭」にならないよう、細心の注意をもって暮らしている僕らは、大谷翔平という「出すぎた杭」を見て爽快感を覚える。荒木飛呂彦の漫画『ジョジョの奇妙な冒険』に登場する有名なセリフを使えば「さすが大谷！おれたちにできない事を平然とやってのけるッ。そこにシビれる！　あこがれるゥ！」というわけである。

SNS時代の「映《ば》える男」

僕ら日本人が大谷に夢中になる理由として考えられることを書き連ねてみたが、野球選手としての実力や実績だけでなく、彼の外見、ひらたく言うと「見た目のカッコよさ」も大谷の人気を語るうえで無視できないだろう。

日本でプレーしていたころの大谷はまだ表情には幼さとあどけなさが残っており、体の線も細かった。しかし間もなく30歳になる今、大谷は凛々しさと爽やかさを兼ね備えたイケメンであり、何より鍛え上げられた肉体美が目を見張る。かつてアトランタ・ブレーブスの中心選手として活躍し、２０１８年にアメリカ野球殿堂入りを果たしたチッパー・ジョーンズは、大谷の肉体についてこう表現している。

「これまで見てきたベストな野球体型のひとつ……彼はアドニス（ギリシャ神話に登場する美少年）だ」

ただでさえ身長１９４cmという長身、スラリと長い脚、かつ小顔というパリコレモデル顔負けのプロポーションを持つ大谷だ。近年、オフシーズンにメディアの取材を受けた際などに目にするスーツ姿の大谷は、野球選手というよりハリウッドスターのようであり、たとえばＨＵＧＯ ＢＯＳＳやポルシェといったファッション性の高いグローバルブランドが大谷とアンバサダー契約を結んでいる理由もそこにあるのだろう。ＳＮＳのように表層的でインスタントなコミュニケーションが量産される現代社会は、良くも悪くもルッキズムに支配された時代と言えるが、大谷はその外見だけでも人に何かを訴える力を持っている。今風に言うと「映《ば》える」のだ。

大谷がアンバサダーを務めるHUGO BOSSの店頭ビジュアル（2023年4月、筆者撮影）

もちろん外見だけでなく、大谷の人柄やキャラクターも重要な要素だろう。メディアが映し出す大谷に対して僕らが抱くイメージは「優しく礼儀正しい好青年」「無邪気で人懐こい」、「でも勝負の時は真剣」「時々お茶目でユーモアもある」といったところだろうか。死球を与えた相手打者に謝ったり（ＭＬ

Ｂの投手は基本的に謝らない）、ダッグアウトでゴミを拾ったり（ＭＬＢのダッグアウトはゴミだらけ）、チームメイトと冗談を言い合う姿などが日本のメディアでも再三紹介される。その魅力的な外見とともに、人から嫌われる要素が全くない、というか好感度抜群だ。野球ファンや若い女性だけでなく、小さな子どもからおばあちゃんまで文字通り老若男女の心をつかんでいるのは、そのキャラクターによるところが大きいだろう。大谷が「野球選手である以前にまず、文化的アイコン」であるゆえんだ。

「アメリカでの評価」を伝える日本メディア

大谷は日本にいる頃からスーパースターではあったが、そのステイタスがさらに一段も二段も高まったのはやはり、アメリカでプレーするようになってからだ。

大谷が日本だけでなく世界で、というかアメリカで認められたという事実は大きい。極東の島国に暮らす「辺境人」である僕ら日本人は、昔から中国や欧米などその時々で「世界の中心」だった場所の文化、習慣を取り入れながら生活してきた。常に外来の文化や習慣を参照し、それを独自にカスタマイズしてきた僕ら日本人は、自分たち自身でこしらえた価値判断のモノサシに絶対的な自信を持てず、常に「他者の評価」を気にしてしまうという性《さが》がある。今日では、とくに欧米という「世界の中心」の評価を。

大谷が23歳で渡米し、MLBで活躍してアメリカで評価されて初めて、僕ら日本人は「大谷は本当にすごいのだ！」という確信を得た。日本メディアの報道を見ると、たとえば「MLB公式サイトが大谷を特集」「ニューヨーク・タイムズの記者が大谷を絶賛」「対戦相手の監督が大谷に脱帽」といった類いの見出しで溢れている。「大谷はアメリカでこれだけ注目されていますよ！」「アメリカでも高く評価されていますよ！」ということを伝えているのである。大事なのは自分たち日本人の評価ではなく、アメリカ人がどう評価しているのか、なのだ。もっとも、アメリカ人のコメントにはお世辞やリップサービスが多分に含まれている場合もあるので、多少割り引く必要はあるのだが……。

とはいえ、大谷フィーバーは何も日本だけでのことではなく、アメリカでも今や大谷は押しも押されもせぬ「MLBの顔」であることは確かだ。

2022年、ニューヨークの中心地であるタイムズ・スクエアには、大谷がパッケージの表紙を飾った野球ゲーム「MLB THE SHOW 22」の巨大広告が登場。大谷は『GQ』や『TIME』といった名だたる雑誌の表紙を飾り、2021年にはTIMEが選ぶ「世界で最も影響力のある１００人」にも名を連ねた。２０２３年のＷＢＣに出場したチェコ代表の選手たちは大会前に「対戦を楽しみにしている選手は誰か？」と聞かれ、全員が“Shohei Ohtani”と答えた。同年のＭＬＢオールスターゲームのファン投票で、大谷はリーグ最多の得票数だった（日本からの投票も含まれているが）。そして同年12月、大谷はロサンゼルス・ドジャースと10年総額７億ドル（約１０１５億円）という「スポーツ史上最高額」で契約を結んだ。

野球はサッカーほど世界的に普及しているスポーツではなく、野球が盛んな地域は主に北米と中南米の一部、そして東アジアに限定

タイムズ・スクエアに現れた「MLB THE SHOW 22」の巨大広告（2022年2月4日、@shoheisaveusのXより）

される。しかし、その限られた野球界において大谷は、今や世界の誰もが知る正真正銘のグローバルスターなのだ。

「大谷教」の信者たち

大谷が投手として15勝、打者として34本塁打という超人的な活躍を見せた2022年、日本球界では東京ヤクルトスワローズの若き主砲、村上宗隆が王貞治の記録を超えるシーズン56本塁打を放った。日本プロ野球（NPB）史上最年少で三冠王に輝いた村上は、その神がかり的な打棒を称えるファンやメディアに「村神様」と呼ばれた。はるか昔から「八百万の神」が存在する超多神教の国、日本では野球選手もたやすく「神」になる。

さて、日本で本塁打記録を打ち立てた村上が「神」ならば、アメリカでMVPをすでに2度、いずれも満票で受賞している大谷は「神々のなかの神」とでも言うべき存在だろう。

2018年に大谷がロサンゼルス・エンゼルスの選手としてプレーするようになってから、日本でエンゼルスの試合が毎日テレビ中継されるようになっただけでなく、本拠地のエンゼル・スタジアムまで足を運ぶ日本人が続出した。米国在住者はもちろん、日本から飛行機ではるばる訪れる人も後を絶たなかった。大谷が日本人にとって「神」だとしたら、エンゼル・スタジアムは「聖地」だった。まるでイスラム教徒がサウジアラビアのメッカに「聖地巡礼の旅」へ出かけるように、「大谷教」の信者である日本人はエンゼル・スタジアムへと足を運んだ。大谷翔平という「神」を崇拝しに……。そして2024年からはもちろん、新天地のドジャー・スタジアムが新たな「聖地」になる。

連日のように日本のテレビに映る大谷は、今や日本一の有名人だ。しかしアメリカでプレーする大谷の姿を実際に、自分自身の目で見たことがある人はどれくらいいるのだろうか？　僕を含めて多くの人は、テレビの中継映像やインターネットのニュースで大谷を見ているだけだ。メディアに映る姿を見て、大谷翔平という人間がこの世に存在していると「信じている」にすぎない。だからこそ僕らは勝手に想像を膨らませて、大谷翔平という存在に「神話性」を付与しているとも言える。

ある物語が神話性を帯びるためには、多くの人々が「共同幻想」を抱くことが条件となる。たとえば「国家」や「宗教」はいずれも共同幻想の産物だ。国家や宗教は目に見えるものではないが、それゆえに「国の成り立ち」や「信仰のはじまり」といった物語を通じて人々にその存在を信じさせる。そして今日、物語を流布するのはメディアの仕事だ。たとえば「悪の帝国ロシアと戦うウクライナ」といったシンプルでわかりやすい物語を人々に信じ込ませることによって、メディアの商売は成り立っている。「日本の誇り、大谷翔平」もそんな物語のひとつで、現在、日本で最も人気のある物語と言えよう。あるいは最も信奉者の多い神話、と言って良いかもしれない。メディアが繰り返す物語を通じて大谷は「神」になったのだ。

読売ジャイアンツよりもファンが多い大谷

21世紀はインターネットやスマートフォンの普及によって人々の興味や娯楽が多様化し、国民全員が夢中になるようなマスコンテンツがなくなったと言われて久しい。たとえば1960年代には「巨人、大鵬、卵焼き」という当時の流行語が表した通り、多くの日本人が夢中になる共通の話題があった。インターネットもスマートフォンもなかったこの時代、みんなが同じテレビ番組を見て、ラジオ番組を聴き、新聞を読んでいたからだ。そのようなメディア環境を背景に、王貞治と長嶋茂雄の「ONコンビ」を擁する読売ジャイアンツはせいは国民的人気を誇った。が、今や地上波でのプロ野球中継は激減し、ジャイアンツはせいぜい「東京のローカル球団」に成り下がった。

テレビをはじめとするマスメディアで露出する機会が減った日本のプロ野球が「マイナースポーツ化」、あるいは「一部のオタク向けコンテンツ」と化していった一方で、プロ野球に代わる新しいマスコンテンツとなったのがＭＬＢで活躍する日本人選手たちだ。野茂英雄、イチロー、松井秀喜、松坂大輔、ダルビッシュ有、田中将大《まさひろ》、そして大谷……彼らが出場する試合は日本時間で深夜だろうと早朝だろうと生中継され、その活躍に多くの日本人が釘付けになった。

世界各国でスポーツファンの市場調査などを手がけるニールセン・スポーツが２０２３年12月に発表したレポートによると、日本では今や「エンゼルスファン」の数が「読売ジャイアンツファン」の数を上回っている。ここでの「エンゼルスファン」とはもちろん「大谷が所属するチームのファン」という意味なので、２０２４年からは「ドジャースファン」が激増することになる。今やひとりの日本人選手が所属するＭＬＢのチームが、かつて国民的人気を誇った読売ジャイアンツの人気をしのいでいるのだ。ジャイアンツがセ・リーグとパ・リーグのどちらに所属しているかも知らない女子高生が、エンゼルスやドジャースがロサンゼルスのチームであることは知っているだろう。

かつて栄華を誇った巨人軍の天下もはるか昔、時代のスポットライトは異国の地で活躍するたった一人のスター選手のもとへ……。

今や大相撲以上に日本の「国技」とも言える、野球というスポーツにおけるこの劇的な変化は日本社会の変化を反映している。仮に読売ジャイアンツを「昭和の大企業」としたら、大谷は「シリコンバレーの起業家」のような存在だ。20世紀後半の高度経済成長期からバブル期にかけて、日本経済を牽引した大企業の多くは今やすっかり零落し、代わりに起業家やアーティストなど才能ある個人が世界を舞台に活躍するようになった。日本から世界へ、そして組織から個人へと時代が移り変わった。昭和の「古き良き時代」を象徴する、日本の〝ローカル球団〟読売ジャイアンツよりも、平成生まれの世界的スター大谷に僕らが魅了されるのは当然だ。

２０２３年12月に大谷がドジャースと結んだ契約は、１年あたりの年俸が７０００万ドル（約１０１億５０００万円）という破格の契約だった。一方、かつて日本球界を代表する「金満球団」だった読売ジャイアンツの、２０２３年における選手年俸総額は約37億円。ジャイアンツの選手全員の年俸を足しても、大谷が1年で稼ぐ額の半分にも及ばない。カネがないよりも、あるほうに人々の目が向くのも、これまた自然なことだ。

総額１０１５億円という大谷とジャースの契約は、ＭＬＢの圧倒的な資金力だけでなくアメリカ経済の好調さ、そして21世紀のグローバル資本主義がたどり着いた極致を示している。日本のメディアはただただ「大谷すごい！」と連呼するだけだが、プロ野球チームが一人のアスリートに１０００億円も投資できる現代社会というのはいったい何なのだろうか。僕らが生きるこの社会はどんなメカニズムで動いているのか。

次章では、大谷とドジャースの超大型契約を切り口に、日本球界とアメリカ球界の経済格差、そしてグローバルな「アイコン」たちに莫大な富が集中する今日の世界について考察する。

第3章

「1015億円の男」を生んだ現代のグローバル資本主義

大谷の1015億円契約、12年前なら「602億円」

10年総額7億ドル（約1015億円）。

2023年12月9日、大谷翔平がロサンゼルス・ドジャースと結んだ契約額は、まさに天文学的な数字だった。総額7億ドルはメジャーリーグ（MLB）史上断トツの最高額であるだけでなく、スポーツ史上における最高額である。野球よりはるかにグローバルなスポーツであるサッカー界の最高選手、リオネル・メッシが2017年にFCバルセロナと結んだ4年約5億5500万ユーロ（約860億円）という契約を総額で上回った。MLBでは、大谷の「元チームメイト」であるマイク・トラウトが2019年にロサンゼルス・エンゼルスと結んだ12年4億2650万ドル（約618億円）という契約が過去最高額だったが、大谷の契約はそれを約3億ドルも上回る。MLBを含むプロスポーツ選手の年俸が年々上がっていることを踏まえても破格の契約だ。

アメリカではESPNなどのスポーツ専門チャンネルはもちろん、『ウォール・ストリート・ジャーナル』や『フォーブス』といったビジネスマン向けの経済紙も、大谷の超巨額契約を大々的に報じた。イギリスを代表するメディア、ＢＢＣのスポーツ報道はサッカーが中心だが、そのＢＢＣすら大谷が生み出す経済効果や日本人メジャーリーガーの歴史などを紹介した。もちろん日本のテレビのワイドショーは、大谷の契約発表後はしばらく大谷の話題で持ち切りだった。ある番組は大谷の「年収」「月収」「日給」「時給」「分給」「秒給」を全て算出し、大谷がどれほど大金を稼ぐことになるかを伝えた（たとえば大谷の「時給」は約１１５万円）。もし契約総額分の一万円札を積み重ねたら、その重量は「10トン」になり、それはアフリカゾウ２頭の体重に相当する、とも。

食料品などの物価が日々上昇する一方で数パーセントの賃上げもままならず、将来に不安を覚えながら生活費を切り詰めている僕ら大多数の日本人にとって、大谷の契約はもはや別世界の出来事であるかのように思える。

そもそも「１０１５億円」という日本円に換算した場合の金額は、契約が報じられた当日の「１ドル＝１４５円」という為替レートに基づいて算出されたものだ。たとえば約12年前、２０１２年１月にダルビッシュ有がテキサス・レンジャーズと契約したときのレートは「１ドル＝86円」だったが、もし大谷の契約をこのレートで換算し直すと「６０２億円」になる。それでもなお超高額であることに変わりはないが、実に400億円も目減りする。「1015億円」という文字通り桁違いの数字は、2023年に発生した歴史的な円安、つまり「(ドルに対して)円の価値が低い」ことによって生まれたものだ。大谷が史上初の「1000億円プレイヤー」になったことは日本人として誇らしいが、その数字は「自国の通貨の弱さ」がゆえに生まれたものであることを考えると少し複雑な気持ちになる。円安は必ずしも悪ではないが、僕ら日本人の多くは資産の大半を日本円で持ち、賃金も日本円で受け取っている。

大谷の超大型契約はもちろん、大谷という稀代のスーパースターに付随する途方もない経済的価値を示しているが、同時にMLBが有する圧倒的な資金力、そして日本とアメリカの経済力格差をも示している。1990年代前半のバブル崩壊から今日に至る「失われた30年」で日本経済が停滞している間に、アメリカではプロ野球チームが一人の選手に1000億円を投資できるほど経済が成長したということだ。

MLBの選手年俸はNPBの13倍

　大谷のドジャース入りが発表された2日後、2023年12月11日付の日本経済新聞は、MLBの経営状況について以下のように伝えている。

「破格といえる年俸の高騰はリーグの成長に起因している。MLBの総収益は17年に初めて100億ドル（約1兆4480億円）を突破。新型コロナウイルス禍の苦境から反転して22年は108億ドル（約1兆5638億円）に達した。全国放送の放映権など権利を一括管理する機構が30球団に均等に利益を配分。全体の収入が増えれば、それだけ分配の額も大きくなる」

　日本円にして1兆5000億円を超える売り上げを誇るMLBに対して、日本プロ野球機構（NPB）の現在の売り上げは1800億円程度と見られている。その差は8倍以上だ。

　選手の年俸水準になると、さらに差が開く。2023年2月にMLB選手会が発表したところによると、２０２２年シーズンにおけるＭＬＢ選手の平均年俸は４２２万ドルで、発表当時のレートで日本円に換算すると約5億７５００万円。一方、日本プロ野球選手会が発表した平均年俸は、２０２３年シーズン開幕時点で４４６８万円だった。これは１９８０年の調査開始以降で最高額だったが、それでもＭＬＢの約13分の１にすぎない。日本球界のスター選手たちが次々と渡米するのも当然だ。

今やＮＰＢの経済力はＭＬＢの足元にも及ばないが、昔からそうだったわけではない。日本でまだバブル景気の余韻が残っていた１９９５年、ＮＰＢとＭＬＢの推定収入はそれぞれ９００億円と１５００億円だった。ＭＬＢの球団数はＮＰＢの倍以上あるので、一球団あたりの収入はＮＰＢのほうが高かった。しかしその後の約30年で、ＮＰＢの収入が約2倍となったのに対し、ＭＬＢの収入は約10倍に達している。ＭＬＢはＮＰＢのほぼ5倍のペースで、収入を伸ばしてきたのだ。

この数字は、アメリカ経済と日本経済の成長ペースにほぼ比例する。過去30年間で日本のＧＤＰ（国民総生産）は１・４倍だが、アメリカのＧＤＰは４・５倍になっている。日本のＧＤＰは長年、アメリカと中国に次ぐ世界3位だったが、２０２３年にドイツに抜かれ、２０２６年にはインドにも抜かれる見通しだ。

ＭＬＢとＮＰＢの経済格差について、スポーツビジネスの専門家やジャーナリストは、それぞれの「経営努力」や「ビジネスモデル」の差によるものと説明することが多い。ＮＰＢが親会社ありきの、旧態依然とした昭和な球団経営を引きずっているのに対し、ＭＬＢはリーグ一体となって事業のデジタル化やグローバル展開などを推進してきたのだ、と。確かにそうなのだが、それ以前に日本とアメリカの経済格差拡大が決定的に大きい。ＭＬＢの先進的な取り組みうんぬんといったレベルの話の前に、そもそものアメリカ経済が日本の4倍も成長したのだ。ベースとなる国家経済にこうも差がついてしまっては、ＮＰＢが多少の経営改革をしたところで太刀打ちできない。

国家経済が成長すれば当然、人々の購買力と企業の投資意欲は高まる。所得の増えたアメリカの野球ファンは、たとえ高額でも試合のチケットや贔屓選手のユニフォームを買い、球場で一杯15ドルもするビールを飲む。キャッシュフローに余裕のある企業は高額なスポンサー料を支払って、ＭＬＢなどメジャーなスポーツリーグや地元チームのスポンサーになる。これはリーグや球団の経営努力うんぬんではなく、単純に国家経済が好調だからこそ生まれる現象だ。経済が成長していない日本では、ＮＰＢや各球団がどれだけ努力しても限界がある。

スポーツビジネスの収入源は主にチケット収入、グッズ収入、スポンサー収入などがあり、先ほど引用した日経新聞の記事によると、MLBの収益増において「けん引役となっているのが放映権料収入」だ。MLBは2022年からESPNやFOX、ターナースポーツと、それぞれ7年総額30億〜50億ドル規模で契約。ニューヨークを拠点にするスポーツマーケティング会社、トランスインサイトの鈴木友也代表は、記事のなかで「ケーブルテレビ局の力が強く、OTT（オーバー・ザ・トップ＝インターネット経由のコンテンツ配信サービスの総称）と対抗することで、放映権料が上昇する原動力になっている」と解説している（余談だが僕は大学を卒業する前にトランスインサイトでインターンとして働かせてもらい、短期間ながら本場のスポーツビジネスに触れる機会を得た）。

メディア間における放映権獲得競争の激しさが高騰の原動力、という話は確かにその通りだろうが、そもそもESPNやFOXといったテレビ局が巨額の放映権料を支払えるのは、それだけの投資を行える経済環境があるからだ。好調なアメリカ経済が今後も成長していくと見込めるから、リスクを取って巨額の長期投資を行える。景気が良ければ、ESPNやFOXに多額の広告料を支払ってでもCMを打ちたい企業は増えるだろうし、より多くの人が高い契約料でもお目当てのチャンネルを見たいと思うだろう。収入の多くを広告に依存するメディアビジネスは、景気が悪くなると広告主の獲得に苦労するが、逆もまた然り。放映権高騰の土台にはやはり、そもそものアメリカ経済の成長があるはずだ。

日本がバブル景気に湧いた1980年代後半には、アメリカで日本企業のCMが多く流れていた。それは当時、日本企業に圧倒的なカネがあったからだ。アメリカ最大のスポーツイベント、NFLスーパーボウル中継のCMにも多くの日本企業が登場した。全米の注目を集めるスーパーボウルのCM枠は、30秒あたりの平均価格が今日では700万ドル（約9億2000万円）と言われる。そんな超プレミア価格のCM枠を日本企業が買い漁るほど、当時の日本経済は強かったのだ。

クリスティアーノ・ロナウドの年収は389億円

今日ではNPBの約13倍にもなるMLB選手の平均年俸は、過去40年ほどで高騰した。次頁の数字は、1980〜2020年におけるMLB選手の推定平均年俸の推移である。

1980年：14万3756ドル（約3248万円）
1990年：57万8930ドル（約8336万円）
2000年：199万8034ドル（約2億130万円）
2010年：301万4572ドル（約2億6226万円）
2020年：389万ドル（約4億1234万円）
※日本円は当時のレートで換算

まさに右肩上がりだ。1980年から2000年にかけての伸びがとりわけ著しいが（約15倍）、2000年から2020年にかけても倍増している。

MLBでは1970年代にFA制度が生まれ、一定の条件を満たした選手は各球団と自由に契約交渉を行えるようになった。選手は自分を最も高く評価してくれる（最もいい契約をオファーしてくれる）球団と契約できるようになったので、当然、選手の年俸は上がっていく。また、世界最大のスポーツイベントであるオリンピックが本格的に商業化したのは1984年のロサンゼルス夏季五輪からと言われているが、MLBを含むアメリカ4大スポーツの商業化もこのころから加速したのだろう。放映権やスポンサーシップ、チケット収入などを最大化するノウハウが蓄積され、大学では「スポーツマネジメント」なる学問が体系的に学べるようになった。

アメリカで「ナショナル・パスタイム（国民的娯楽）」と呼ばれていた野球も、「マネーゲーム」化していった。ウォール街で働いていた金融マンやＭＢＡ保持者が次々と球界のフロント入りし、ＭＬＢをビジネスとして洗練させていった。その結果、選手の年俸はどんどん上がった。

今日、年収にして数十億円、時に数百億円という大金を稼ぐアスリートは、プロ野球選手だけではない。ＭＬＢ以外のアメリカ４大スポーツやそれ以外のスポーツでも、今日のトップアスリートはとてつもない大金を稼ぐようになっている。

選手年俸の「インフレ」が凄まじいのはサッカーだ。『フォーブス』が２０２３年10月に発表した「世界で最も稼ぐサッカー選手ランキング」最新版によると、１位は同年からサウジアラビアのアル・ナスルでプレーするクリスティアーノ・ロナウドで、年間の総収入は驚愕の２億６０００万ドル（約３８９億円）。内訳を見ると、年俸やクラブの広告料などで２億ドル（約２９９億円）、ナイキなどとのエンドースメント契約で６０００万ドル（約90億円）となっている。２位はアメリカのインテル・マイアミに所属するリオネル・

メッシで、総収入１億３５００万ドル（約２０２億円）。３位はロナウドと同じくサウジアラビアのアル・ヒラルに移籍したネイマールで、総額１億１２００万ドル（約１６８億円）となっている。

大谷がドジャースと結んだ10年総額１０１５億円という契約は「アスリート史上最高額」と謳われたが、１年あたりの金額に換算すると１０１億５０００万円で、ロナウドの年俸２９９億円には遠く及ばない。ロナウドとアル・ナスルの契約は２年半という比較的短いものであるため、総額は大谷よりも少ないが、単年ベースで見るとその差は歴然としている。現在はアメリカでプレーするメッシも２０１７年に古巣のＦＣバルセロナと４年約５億５５００万ユーロ（約８６０億円）という契約を結んだが、１年あたりの

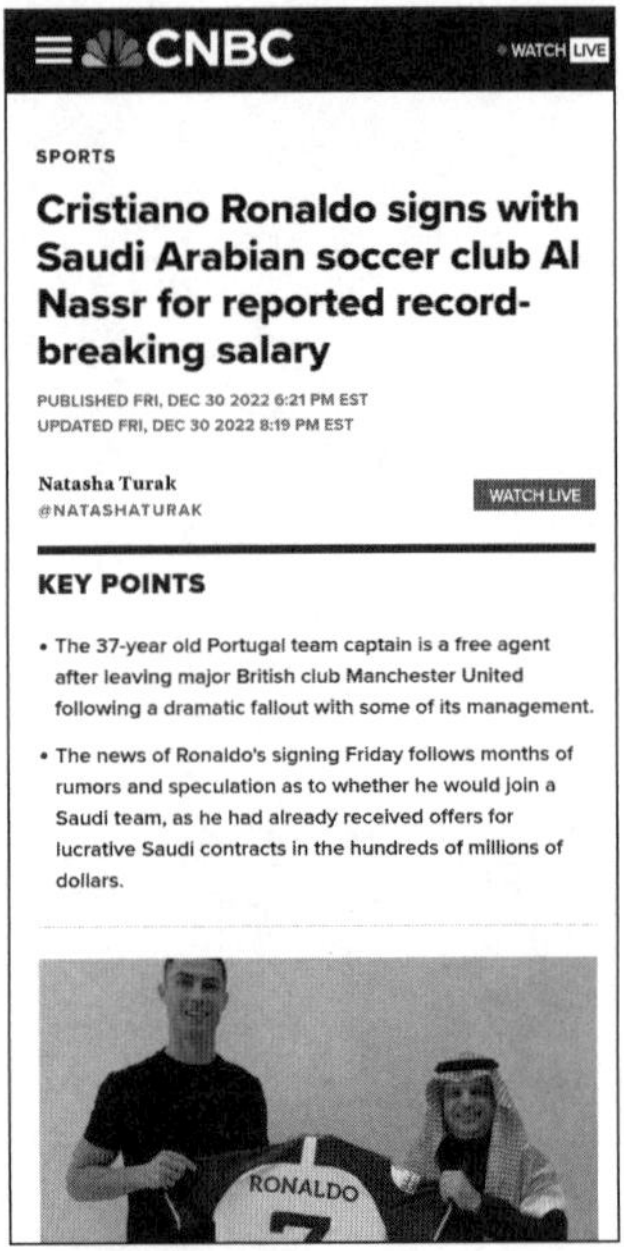
CNBC
WATCH LIVE
SPORTS
Cristiano Ronaldo signs with Saudi Arabian soccer club Al Nassr for reported record-breaking salary
PUBLISHED FRI, DEC 30 2022 6:21 PM EST
UPDATED FRI, DEC 30 2022 8:19 PM EST
Natasha Turak
@NATASHATURAK
WATCH LIVE
KEY POINTS
- The 37-year old Portugal team captain is a free agent after leaving major British club Manchester United following a dramatic fallout with some of its management.
- The news of Ronaldo's signing Friday follows months of rumors and speculation as to whether he would join a Saudi team, as he had already received offers for lucrative Saudi contracts in the hundreds of millions of dollars.

サウジアラビアのアル・ナスルと年俸299億円の巨額契約を結んだクリスティアーノ・ロナウド（CNBC 2022年12月30日）

金額にすると約215億円。やはり単年ベースで見ると大谷の倍以上を稼いでいたことになる。

サッカーのスター選手たちが今日、異次元の高額年俸を稼いでいるのは、サッカーが世界で最も人気のあるグローバルスポーツであり、市場規模が圧倒的に大きいからだろう。

また、2023年はロナウドやネイマールをはじめ、多くのスター選手が超高額年俸でサウジアラビアのクラブに移籍した。世界有数の産油国であるサウジアラビアは、2030年または2034年のワールドカップ招致を狙っているとされ、国を挙げて世界のスター選手をかき集めている。MLBでは選手の年俸高騰を抑制するため「ぜいたく税」などの規制をリーグ全体で取り入れているが、より自由競争的な選手獲得競争が容認されているサッカー界では選手年俸の高騰に歯止めがかからない。大金持ちのオーナーが「いくらでも払う」と言えば、どこまでも金額が上がっていく。欧州でプレーしていたスター選手たちが次々とサウジアラビアのクラブと契約しているのは、まさにその結果だ。

毎年、最も活躍したサッカー選手に贈られる「バロンドール」を通算5度受賞しているロナウドは、メッシと並んで21世紀最高のサッカー選手だが、アル・ナスルとの契約時点で37歳。キャリアのピークはとっくに過ぎたベテラン選手に、なぜアル・ナスルが年間2

億ドルもの大金を費やしたかというと、ロナウドは文字通り世界中でその名と顔を知られた超有名人であり、その国際的な広告価値は計り知れないからだ。ロナウドは世界で何十億人もの人々に認知されているグローバルな「アイコン」であり、所属チームはもちろん、彼が身につけるものや出演する企業広告、日々の言動、その全てに巨大な価値が生まれる。ロナウドのインスタグラムはフォロワー数約6億2000万人（2024年3月現在）で、個人のアカウントとしては世界で最多。ロナウドは世界最高の「インフルエンサー」なのだ。

さて、野球界のスーパースター大谷はと言うと、インスタグラムのフォロワー数は約790万人。野球選手としては断トツだが、それでもロナウドの80分の1程度にすぎない。サッカーが真のグローバルスポーツであるのに対して、野球人気はかなりローカルであることが改めて理解できる。

それでも、少なくとも日本において大谷は唯一無二の「アイコン」である。ドジャースにとって大谷と契約することは、日本中の注目を集めるアイコンに「LA」のロゴマークを刻印し、日本中の野球ファン（あるいはそうでない人も）をドジャースファンに仕立て上げるようなものだ。経済的に衰退しているとはいえ、人口1億を超える国で、毎日のように「ドジャーブルー」のユニフォームがテレビに映り、国民の多くを「ドジャー・ネイション」の一員にできるのならば、「総額1015億円」も決して高い買い物ではないのかもしれない。

一晩で4000万円を稼ぐDJ

今日の世界において、国際的なトップアスリートと同じようなポジションにあると思われる職業のひとつが「DJ」である。21世紀に入り、世界で最も売れているDJたちは軽く年収数十億円を稼いでいる。

『フォーブス』は毎年「世界で最も稼ぐスポーツ選手ランキング」を発表しているが、同誌は「世界で最も稼ぐDJランキング」も発表している。まだコロナ禍前でライブイベントが制限されていなかった2019年のランキングを見ると、1位はニューヨークを拠点に活動するザ・チェインスモーカーズで推定収入は4600万ドル（当時のレートで約50億円）。2位はいつも白い筒状のマスクで顔を隠している覆面DJ、マシュメロの4000万ドル、3位はスコットランド出身のDJ兼音楽プロデューサーのカルヴィン・ハリスで3800万ドルだった。

彼らの主な収入源は、世界各地でのフェス出演やナイトクラブでのライブパフォーマンスによって得るギャラだ。たとえば同ランキング3位のハリスがラスベガスの大型クラブで一晩DJをするときのギャラは4000万円（！）とも言われる。「時給115万円」の大谷もビックリの金額だ。

なぜハリスがこれほどの高額ギャラを得られるかというと、それは彼がDJである前に天才的な音楽プロデューサーであり、いわば「現代音楽の申し子」としてアイコン化しているからだ。

ハリスは2010年代に最も売れた「DJ」のひとりだが、もともとは2007年に「シンガー・ソングライター」としてデビューしたミュージシャンである。彼が有名になったキッカケは音楽

ラスベガスの大型ナイトクラブ「オムニア」でDJを務めるカルヴィン・ハリス

系SNSの「My Space」に自身が作ったオリジナル楽曲をアップロードし、その楽曲がインターネット上で好評を得たことだった。その類いまれなるトラックメイキング能力を買われて、やがてリアーナやNe-Yoといった多くの有名アーティストとコラボするようになったのだ。プライベートでも歌手のテイラー・スウィフトとの交際が報じられるなど、完全に「セレブ」としてのステイタスを確立している。

ハリスに限らず今日、『フォーブス』のランキングに登場するような超人気DJたちは、ほぼ例外なく売れっ子の音楽プロデューサーである。彼らはYouTubeで何億回、何十億回と再生されるような世界的ヒット曲を生み出すことによって時代の寵児となったのだ。

覆面DJとして活動するマシュメロ

今や現代の音楽シーンを代表するグローバルアイコンであるハリスは、コカ・コーラやペプシなど多くのグローバル企業のキャンペーンに起用されている。過去にはデヴィッド・ベッカムやロナウドらサッカー界のスター選手のものだったエンポリオ・アルマーニの下着ラインの広告塔も担った。トップＤＪとトップアスリートの立ち位置がいかに近いか、おわかりいただけるだろう。

ハリスのほかにも、たとえば素顔を出さずに覆面ＤＪとして活動しているマシュメロなど「アイコン」そのものである。マシュメロは「世界で最も稼ぐＤＪランキング」でハリスを超える2位だが、彼の白い覆面に描かれた愛くるしくも謎めいた「顔」はそのままＴシャツやキーホルダーなどグッズのロゴになっている。マシュメロは覆面をかぶることによって、自らをわかりやすく「アイコン」化してプロデュースしているのだ。

ＤＪとアスリート、グローバルアイコンの代償

「アイコン」であることのほかにも、ＤＪとアスリートに共通点はある。

今日のグローバル社会におけるＤＪは、時にアスリート以上に過酷な職業だ。ヒット曲を通じてアイコン化した人気ＤＪともなると一年中、世界中のフェスやナイトクラブを巡ることになる。基本的に活動単位が個人で、しかも楽器など大きな荷物を持たない彼ら彼女らは、自分の身ひとつで世界中を飛び回る。おまけに活動時間は深夜から朝にかけてで、

健康的な生活からは程遠い。毎年200回以上のライブをこなしてきた人気DJのスティーヴ・アオキは、音楽雑誌『rockin'on（ロッキング・オン）』のインタビューで次のように語っている。

「通常、バンドとかはアルバムのリリースを中心にツアーのサイクルができてるけど、DJのツアーっていうのはもう果てがないから。俺たちはピンボールの玉みたいに世界中のあっちこっちに自由に打たれては跳ね返ってくるんだよ。最近じゃライヴの荷物だってヘッドホンとSDカードくらいのもんだしね。ものすごくモバイルな状況だから、どんどん公演地と公演地の間の距離を遠くしていくのも可能になってくるんだよ。旅程のペースを制限するようなツアー・バスのようなものからDJというのは解放されてるんだ」

常にハードな移動を続けるジェットセッターである点は、今日のトップアスリートも同じだ。たとえばメジャーリーガーはシーズン中、広大なアメリカ大陸を移動しながら半年間で162試合を戦う。日本人メジャーリーガーが最も苦労するのは「時差ボケ」とも言われるほど過酷なスケジュールだ。ロナウドやメッシのような世界的サッカー選手になれば、それこそＤＪのように世界各地を訪れる。「アイコン」をこの目で見たい人は世界中にいるのだ。

また、ＤＪが活動するクラブ・ミュージックの現場にはアルコールやドラッグなど、一歩間違えれば身を滅ぼす危険な誘惑も多い。２０１８年にはスウェーデン出身の人気ＤＪ兼音楽プロデューサーのアヴィーチーが28歳の若さで急死した。死因は精神的な問題に起因する自殺とされているが、アヴィーチーは２０１２年に過度のアルコール摂取により急性膵炎で11日間入院、２０１６年には健康状態が悪化してツアー活動からの引退を発表していた。ＤＪやプロデューサーとしての輝かしい実績の裏で、心身を極限まですり減らしていたのだ。アヴィーチーの死後、遺族はメンタルヘルスに問題を抱える人々を支援するための財団を設立した。

スポーツ界でも近年、似たような話は多い。たとえば２０１９年、当時エンゼルスで大谷の同僚だった左腕のタイラー・スカッグスが27歳の若さで急死した。麻薬効果の高い鎮静剤であるオキシドンとフェンタニル、そしてアルコールの同時服用によって生じた中毒性の嘔吐で窒息死したとされている。痛みを堪えてプレーするために、あるいはパフォーマンスを高めるために危険な薬物に手を出すアスリートは多い。また、テニス界のスター大坂なおみも2021年、数年にわたってうつ症状に悩まされていることをSNSで告白した。過度の注目や成功へのプレッシャーにより精神を病んでしまうアスリートは少なくない。

こうしてみると改めて、今日の人気DJとトップアスリートが置かれている境遇はよく似ていることがわかる。ハードな移動など身体的負担の大きい過酷な仕事であることに加えて、周囲の人々やメディアの熱い視線によってもたらされるさまざまな心労。若くして圧倒的な経済価値を生み出す力を持った彼ら彼女らの周囲には、その力を利用してひと儲けしたい大人たちが山ほどいるだろう。この世界でグローバルアイコンとして君臨することは莫大な報酬をもたらすが、その代償も決して小さくないのだ。

DJやアスリートの例は極端だが、似たような問題は僕ら庶民の身近にもある。たとえばブラック企業での過労死や、SNSでのいじめによる中高生の自殺なども、問題の本質は同じはずだ。とくにSNSが若年層に与える悪影響については近年、アメリカやヨーロッパで活発な議論の対象になっている。そして人気DJもトップアスリートも、その多くは20代の若者たちだ。

アメリカで「アニメキャラ」になった大谷

改めて、ロナウドや大谷のようなトップアスリートと、ハリスのような人気DJの共通点は、いずれも強力なグローバルアイコンとしてこの世界に君臨していることだ。

彼らはアイコンであるがゆえに多大なる社会的影響力を持ち、スポンサー収入などを通じて途方もない大金を得る。そして世界中の人々が、その姿をひと目見ようとスタジアムやライヴ会場に足を運ぶ。そうした人々がアイコンを目撃した興奮をSNSで拡散し、アイコンの価値はさらに高まる。その結果、アイコンは途方もない大金を得る。そんなアイコンの姿をひと目見ようと、さらに多くの人々が足を運ぶ。足を運んだ人々がその興奮をSNSで拡散し……。

時に数億人もの「フォロワー」を抱えるグローバルアイコンたちの価値は、今日のインターネットが内包する「一極集中」メカニズムによって加速度的に高まっていく。かつてのインターネットは、従来のマスメディアが取り上げないようなマイナーコンテンツやローカルコミュニティに光を当てる民主的なメディアだと信じられていた。しかし現実には、グーグルやフェイスブック、アマゾンなど支配的なプラットフォームを持つ巨人たちが強大な権力を握り、これらの大企業が富も情報も独占する結果になった。インターネットは民主的どころか、ひと握りの勝者とそれ以外の格差を極限まで拡大しつつある。

アニメの美少女キャラをプロフィール画像にした匿名のツイッター（現・Ｘ）アカウントが日々、誰にも届かないグチを日本語で書き連ねる一方で、ロナウドは約６億２０００万人のフォロワーに向けてメッセージを発している。現代は「フォロワー数」によって、その人間が有する経済的、社会的価値が計測されてしまう時代だ。人間の価値が数字で可視化される、まさにディストピア。しかし才能ある者にとってはユートピアである。ロナウドはマスメディアを介さずとも、約６億２０００万人に自分の言葉を届けることができる。その存在自体がもはや世界最大級のマスメディアだ。

ロナウドや大谷は今日のグローバル社会を代表するアイコンだが、ＳＮＳのプロフィール画像もまたアイコンと呼ばれる。現代はよくも悪くもアイコンに支配された、いわばアイコン至上主義社会なのかもしれない……。

英語の〝icon〟には「象徴」「偶像」といった意味がある。たとえば大谷は今や日本という国の「象徴」であり、そして日本人の大谷に対する眼差しは「偶像」崇拝に近い。大谷を単に一人の優れた野球選手というだけでなく「象徴」あるいは「偶像」として見なしているからこそ、僕ら日本人は時に熱狂的なまでに大谷の活躍に声援を送るのだろう。

ドジャースは大谷との契約後、日本の野球少年だった大谷が成長してドジャースの一員になるまでの過程を描いた短いアニメーション動画を公開した。

日本が「アニメの国」だという認識から生まれたアイデアだろうが、大谷の存在は実にわかりやすいかたちでアイコン化されたのだ。日本のワイドショーはこのアニメーション動画を紹介し、大谷がアメリカで「アニメのキャラクター」になるほどビッグな存在であることを視聴者に伝えた。こうして大谷のアイコンとしての価値はどんどん高まっていく。

ところで、アメリカで作られるこの手のアニメーションはだいたい「(本人に)全然似てない！」と言われるが、あえてアメコミ風のタッチで描かれることもまた、アイコンとしての価値を押し上げているのかもしれない。

ドジャースが公開した大谷のアニメーション動画の一コマ(ドジャース公式X、2023年12月11日)

第**4**章

現代日本「三種の神器」、スシ、アニメ、ショーヘイ・オータニ

「なおエ」な日本メディア

過去30年間ほどで、メジャーリーグ（ＭＬＢ）は日本人にとって随分と身近なものになった。それは言うまでもなく、ＭＬＢでプレーする日本人選手が続々と現れたからである。

野茂英雄、イチロー、松井秀喜、松坂大輔、ダルビッシュ有、田中将大、そして大谷翔平……。これまでに日本球界のスター選手たちが次々と海を渡り、ＭＬＢで活躍してきた。新しい日本人メジャーリーガーが誕生するたび、日本のマスコミ関係者はアメリカの球場に大挙して押し寄せ、彼らの一挙手一投足を報じてきた。イチローがヒットを何本打った、松坂が何勝した、ダルビッシュが三振をいくつ奪った、大谷がベーブ・ルースの記録に並んだ……といった個人成績の羅列に始まり、試合前の様子や試合後のコメント、チームメイトの誰と仲がいいのか、監督にどう思われているのか、アメリカのメディアにどう評されているのか等々、日本人選手に関するありとあらゆる情報を日本のメディアは逐一伝えてきた。

日本で報じられるのは日本人選手に関する話ばかりで、日本人以外の選手、日本人選手が所属しないチームについて詳しく報じられることはほとんどない。大谷の活躍は一打席ごとの詳細が細かく報じられても、ロサンゼルス・エンゼルスの勝敗はおまけ程度にしか報じられない。大谷の活躍を報じるニュースは「なおエンゼルスは敗戦」というフレーズで締め括られるパターンが定着し（大谷の活躍にもかかわらずエンゼルスは負け込むシーズンが続いた）、野球ファンの間では「なおエ」というネットスラングまで生まれた。

そして「なおエ」は日本メディアの報道姿勢を端的に表している。

日本のメディアがたまに日本人以外の選手にインタビューをしても、大半は「大谷についてどう思うか？」といった内容で、その選手自身についての話ではない場合がほとんどだ。エンゼルスのスーパースター、マイク・トラウトが日本では「大谷の相棒」として紹介されていたように、日本人以外の選手は「日本人選手の引き立て役」として扱われる。

ＭＬＢの醍醐味である全30球団によるワールドチャンピオンを目指した戦いも、「日本人選手の活躍」という主題を語るうえでは単なる背景にすぎない。「日本人メジャーリーガーのパイオニア」野茂の渡米から間もなく30年になる今日でも、日本のＭＬＢ報道は相変わらず日本人選手中心だ。それどころか、ＭＬＢの第一線で活躍する日本人選手が増えるにつれ、むしろその傾向は強まっている感さえある。

日本から新しい選手がＭＬＢにやってくると、その選手と一緒に数十人、時には１００人以上とも思われるマスコミ関係者が日本からやってくることを、今やＭＬＢの選手や関係者たちの多くが知っている。球団の広報担当者はメディアパスの発行や取材規制など事務対応に追われ、また球場に出入りする記者やカメラマンが多すぎると、選手たちもプレーや練習に集中できない。メジャーリーガーの大半を占めるアメリカ人選手や中南米出身の選手たちの目には「全員が同じ顔」に見えるかもしれない日本人記者の大群を前に、まるで中国からの団体旅行客を見ているような気分だろう。日本人記者の大群は各記者が個別に行動するのではなく、全員が同じように日本人選手の後を追いかけ、その選手の周りをぐるりと囲むからだ。

当の日本人選手たちも、自身を取り巻く日本のマスコミ関係者たちを快く思っている様子はない。かつてニューヨーク・ヤンキースなどでプレーした故・伊良部秀輝は、自身を四六時中追いかけ回す記者たちを「金魚のフン」と呼んで軽蔑した。伊良部ほど辛辣な表現をせずとも、たとえばイチローは自身が信頼するごく一部の記者としか話をしなかったし、ダルビッシュや上原浩治はツイッター（現・Ｘ）などでたびたび、日本メディアの惰性的で、ゴシップじみた報道姿勢を批判してきた。マスコミ報道を享受しているはずのファンも、たとえば記者会見で選手にトンチンカンな質問をした記者がいれば「マスゴミ」などと容赦なく罵る。日本人選手をひたすら追いかけ回す日本のマスコミは、正直いって誰にも快く思われていないように見える。

それにもかかわらず、今日も日本のマスコミは性懲りもなく日本人選手を追いかけ回している。なぜだろうか？

当然ながらマスコミの取材や報道は商売であり、多くの人が興味を持つであろうネタを取ってくることが仕事だ。たとえ嫌がられても軽蔑されても、ニュースバリューの高い話題をお茶の間に提供することがマスコミのビジネスである。日本人選手中心のＭＬＢ報道が今日まで続いているのは、そこに確かな需要があるからだ。一部のコアなＭＬＢファンを除いて、ほとんどの日本人は日本人選手にしか興味がない。大谷の活躍は気になるが、エンゼルスの勝敗はどうでもいい。大谷の話さえしていれば大半の読者や視聴者は喜ぶ。だからメディアは大谷に関係する話ばかりを追いかける。

スポーツは「代理戦争」

自国出身の選手ばかりに注目し応援するのは、何も日本に限った話ではない。韓国人は韓国人選手の活躍が気になるし、台湾人は台湾人選手の活躍が気になる。かつてＭＬＢで先発投手として活躍した韓国出身の朴賛浩（パク・チャンホ）や台湾出身の王建民（ワン・チェンミン）は、いずれも母国で英雄的な扱いを受けていた。アジア人だけでなく、多くのメジャーリーガーを輩出しているドミニカ共和国やプエルトリコ、メキシコやベネズエラといった中南米諸国の人々も同様だ。日本を含む東アジアの人々は、遠く離れた欧米に対して憧れとコンプレックスが入り混じったような感情を抱いているが、地理的にアメリカに近く、かつ経済的に貧しい中南米の国々は「アメリカに搾取されてきた」という被害者意識とそれゆえの反骨心があり、それがある種のナショナリズムにつながっている。「アメリカこそ世界のナンバーワン」だと信じて疑わない人が少なくないアメリカのメディアも、オリンピックではアメリカ人選手の活躍を中心に報じる。サッカーやラグビーのワールドカップでは、各国のサポーターが自国の代表チームの勝敗に一喜一憂する。程度の差こそあれ、人々が自国出身のアスリートに注目し応援するのは万国共通だ。

人によっては国家よりも小さな単位、たとえば都市や地域などに自身のアイデンティティを見いだし、こだわる場合もある。ＭＬＢではニューヨーク・ヤンキースとボストン・レッドソックスが１００年以上のライバル関係にあるし、スペインのプロサッカーリーグ「ラ・リーガ」では、レアル・マドリード対ＦＣバルセロナの試合が「エル・クラシコ（伝統の一戦）」と呼ばれ毎年大いに盛り上がる。日本プロ野球機構（ＮＰＢ）における「伝統の一戦」といえば、読売ジャイアンツ対阪神タイガースだ。

こうしたローカルなライバル関係の背景には、それぞれの地域における歴史や政治的な文脈がある。たとえばレアル・マドリードの本拠地マドリードがスペインの首都、すなわち、国家の中央政府が置かれているのに対し、バルセロナはカタルーニャ州の州都だ。もともとは独立した国家だったカタルーニャの人々は自身を「スペイン人」ではなく「カタルーニャ人」だと言い、21世紀の今日もスペインからの独立運動が盛んに展開されている。ニューヨークとボストンは車で4時間程度の距離しか離れていないが、アメリカ的な「人種のるつぼ」もしくは、「サラダボウル」を体現した大都市であるニューヨークに対して、ボストンは欧州の薫りが今も色濃く漂う文化都市だ。お互いがライバル意識を抱いており、それがスポーツを媒介に剥き出しになることがある。スポーツが「代理戦争」と言われるゆえんだ。

　日本対韓国の試合、通称「日韓戦」がどのスポーツでも盛り上がる理由もここにあるが、隣国同士のライバル関係は世界の至るところで見られる。たとえばイングランド対スコットランド、フランス対ドイツ、インド対パキスタンなど、政治的な支配関係や植民地だった過去、そして現在進行形の戦争などをファクターに僕らがスポーツの試合を見る目は変わる。

　2024年の今日、もしロシア代表とウクライナ代表がサッカーの試合をやったら何が起きるだろうか？　単なるスポーツニュースとしてではなく、政治的なイベントとしてニューヨーク・タイムズやBBCのヘッドラインで取り上げられることは間違いない。2022年にカタールで行われたサッカーワールドカップでは、1980年から国交を断絶しているアメリカとイランが対戦した。アメリカ代表のグレッグ・バーホルター監督は「我々にとってはサッカーの試合であり、それ以上の意味は持たない」と強調したが、不測の事態に備えて警備隊が多数配置されるなど、異様な雰囲気で試合が行われた。

「大人の事情」で夢を絶たれた日本人メジャーリーガー第1号

国際社会においてスポーツは「代理戦争」の一面もあり、政治や社会と切り離せない。とくにグローバル化した今日の世界では、スポーツは外交問題やナショナル・アイデンティティと密接に結びついている。そのことを念頭に置いたうえで、今日に至るまでの日本人メジャーリーガーの歴史を、日本社会の変遷とともに振り返ろう。

日本人メジャーリーガーの「パイオニア」は1995年にロサンゼルス・ドジャースでデビューした野茂だと言われているが、野茂は「史上2人目」の日本人メジャーリーガーだ。記念すべき日本人メジャーリーガー第1号は、野茂のデビューにさかのぼること31年、1964年にサンフランシスコ・ジャイアンツでデビューした当時20歳のサウスポー・村上雅則だった。NPBの南海ホークスに所属していた村上はプロ2年目の春季キャンプ中に突然、ジャイアンツ傘下のマイナーリーグ1Aのフレズノへ、2人の選手とともに野球留学生として派遣された。

日本から3人の若手選手を受け入れる際にジャイアンツは「もしメジャー昇格者が出た場合、1万ドルの金銭トレードドで契約可能」という条項を契約に含めたが、南海は「メジャー昇格者など出るわけない」と考え、気にも留めなかった。日本人選手がメジャーでプレーをするなんて夢のまた夢だった時代だ。しかし村上はマイナーリーグで頭角を現し、なんとメジャーからお呼びがかかった。１９６４年９月１日、村上は日本人初、さらにはアジア人初のメジャーリーガーとしてニューヨーク・メッツの本拠地シェア・スタジアムのマウンドに立った。

村上がメジャーデビューした１９６４年といえば、東京で最初のオリンピックが開催された年だ。戦後20年で見事な復興を遂げた日本に世界的な注目が集まっていたころ、村上はアメリカで「日本人メジャーリーガーの歴史」最初の一ページを刻んだ。

NEWS SCORES SCHEDULE STATS

Design by Tom Forget

Masanori Murakami, the overlooked trailblazer

By Michael Clair | @michaelsclair
January 30, 2022

If it were up to his father, Masanori

「見すごされた開拓者」として村上のキャリアを紹介するMLB公式サイトの記事（2022年1月30日）

しかし、村上のＭＬＢでのキャリアは長く続かなかった。村上の投球を高く評価したジャイアンツは翌１９６５年シーズンも村上と契約を結んだが、これに対して古巣のホークスが怒った。村上がまさかメジャーリーガーになるなんて想像もしていなかったホークスは、村上の保有権はホークスにあり、アメリカの球団が勝手に契約を結ぶことなどできないと主張。要するに「村上を返せ」と迫ったわけだ。ホークスとジャイアンツが日米プロ野球のコミッショナーまで巻き込んだ交渉を繰り広げた結果、村上はもう1シーズンだけジャイアンツでプレーし、翌年には帰国してホークスに復帰することになった。

村上は１９６５年、ジャイアンツのリリーフ投手として45試合に登板した（１試合のみ先発）。４勝１敗８セーブ、防御率３・75というまずまずの成績を残したが、日米球界の取り決めにより翌年帰国した。その後はＮＰＢで１９８２年までプレーし、通算で１０３勝、30セーブを挙げた。引退後は日本球界で指導者や野球解説者を務め、79歳になる今も「日本人初のメジャーリーガー」という肩書とともに時折メディアに出演している。

村上がＭＬＢでプレーしたのはわずか２シーズンで、それは日米球界間のしっかりとした取り決めがなかったという「大人の事情」によるものだった。日米球界の板挟みになり、ＭＬＢでプレーし続ける夢を絶たれた村上は後年「もっとアメリカでプレーしたかった」と本音を漏らしている。

日本人メジャーリーガー「空白」の30年

村上が日本人初のメジャーリーガーとなった1964年、日本は高度経済成長期の真っただ中にあった。

多くの日本人が自国の発展を誇らしく思い、明日はもっとよくなるという希望を持って生きていた。国民に最も人気があるものを並べた当時の流行語「巨人、大鵬、卵焼き」が示すように、日本人の興味関心は海外よりも自国のスポーツや大衆文化へと向いていた。なかでもプロ野球は、一般家庭におけるテレビの普及に伴い国民的娯楽として人気を博した。王貞治と長嶋茂雄の「ＯＮコンビ」率いる読売ジャイアンツが、Ｖ９時代の幕開けを迎えたころだ。

日本のジャイアンツが圧倒的な人気を誇るなかで、無名の若手投手だった村上がアメリカのジャイアンツの一員となったことは、多くの日本人にとってそれほど重要なニュースではなかったのかもしれない。当時はまだ「１ドル＝３６０円」の固定相場制が敷かれていた時代であり、日本のメディアが（たった一人の日本人選手を追いかけるために）アメリカへ記者を送り込むことも今ほど容易ではなかったはずだ。

そして村上が志半ばで帰国して以来30年間、日本人選手がMLBでプレーすることはなかった。その30年は日本にとって、世界屈指の経済大国へと上り詰め、そして転落の兆しを見せ始めた30年だった。

東京オリンピックを機に都市インフラを整えた日本は、製造業を中心に発展していく。メイド・イン・ジャパンの自動車や電化製品が世界を席巻し、1979年にはアメリカの社会学者、エズラ・ヴォーゲルが『ジャパン・アズ・ナンバーワン』を出版、日本で70万部を超えるベストセラーになった。日本の経済成長は日本人の勤勉さによってもたらされたと論じたこの本は、日本人に「自分たちはアメリカに認められたのだ」という自信を抱かせた。日本人が日本人であることに誇りを持つために、日本人アスリートの活躍など必要なかった時代と言えるのかもしれない。日本のビジネスマンは自分自身が「企業戦士」として世界を相手に活躍しており、外国人から時に嫉妬交じりの軽蔑を受け、時に一目置かれる存在になっていた。

バブルが到来した1980年代後半は、アメリカの不動産を日本企業が買い漁り、ヨーロッパで日本人観光客の大群が「爆買い」に興じた。空前の好景気に湧く日本人が浮かれる一方で、アメリカは次第に日本を驚異と感じるようになり、日本への嫌悪をあらわにする人も増えた。1985年にアメリカの対日貿易赤字が500億ドルに達すると、いよいよ日米関係は険悪になり、ワシントンDCの米議会議事堂前で日本車をハンマーで叩き壊す人まで現れた。

　しかし、日本の栄華はそう長くは続かなかった。1990年代に入ると株価や地価が急落し、日本のバブル経済が崩壊。それに伴い、社会が混沌とし始めた。女子高生の「援助交際」が社会問題化したり、動機がよくわからない凶悪な少年犯罪がテレビのワイドショーを賑わせたりもした。1990年代前半に一世を風靡した東京・芝浦のディスコ、ジュリアナ東京は今も「バブル期の象徴」としてメディアで紹介されることが多いが、このディスコが開業したのはバブル崩壊直後の1991年5月。

ジュリアナ東京の「お立ち台」で踊る女性たち
（写真：産経新聞社）

ジュリアナ東京は「バブル期の象徴」ではなく、正しくは「バブル崩壊後の不況風が吹き荒れる時代の象徴」なのだ。ワンレン・ボディコン姿で踊り狂う若い女性たちの多くは、閉塞する社会でストレスを溜め込んだＯＬだったという。不確かな将来のために我慢して生きるよりも「今を楽しもう」という刹那的なムードが社会に蔓延した。

日本社会の雲行きが怪しくなってきたのとほぼ時を同じくして、世界情勢も大きく変化した。１９８９年にベルリンの壁、１９９１年に旧ソ連が崩壊。冷戦が終わり、アメリカ主導の「グローバリゼーション」が始まった。同時にパーソナルコンピュータの普及とともに、ＩＴが新たな巨大産業となる兆しを見せ始めた。１９８０年代には「ジャパン・バッシング」に忙しかったアメリカは、この新興産業を世界に先駆けて創出し、今日まで続く経済成長を始めた。一方の日本はＩＴ革命とグローバル化の波に乗り遅れ、今日に至るまでの没落が始まった。

１９９５年には、日本社会を震撼させる大事件が立て続けに起きた。1月の阪神・淡路大震災、そして3月の地下鉄サリン事件だ。破壊的な天災と凶悪な人災。日本社会はすっかり世紀末の様相を呈した。もう日本はダメなのかもしれない、この世の終わりかもしれない……。

そんな不吉なムードが社会を覆うなかで、実に30年ぶりの日本人メジャーリーガーが登場した。野茂英雄だ。すっかり自信と誇りを失いかけていた日本人は、野茂に熱狂したのだ。

日本人メジャーリーガー「続出」の30年

野茂は1994年のオフ、近鉄バファローズを「任意引退」し、翌1995年にロサンゼルス・ドジャースと契約した。正式なフリーエージェント選手として契約したわけでも、日米球界の合意に基づいてトレードされたわけでもない。契約エージェントの団野村を右腕に、法の抜け穴をつくようにしてMLB入りした。30年前に村上がジャイアンツと契約した際のホークス同様、野茂の古巣であるバファローズは怒った。マスメディアもそれに同調し、野茂は「売国奴」「非国民」扱いされた。

日本を脱出した野茂はしかし、たちまちメジャーで旋風を巻き起こし、日本メディアは手のひらを返すように野茂を絶賛した。野茂はいきなりナショナル・リーグの新人王と最多奪三振のタイトルを獲得、オールスターゲームの先発投手も務めた。独特の「トルネード投法」はアメリカの野球ファンなら誰もが知るところとなった。1994年8月から計252日間にわたるストライキでファンを失望させていたMLBにおいて、野茂の存在は新たな「希望の星」となった。

世紀末の日本社会が混乱し、日本人が誇りと自信を失っていたなかで、野茂は日本人に新たな誇りと自信をもたらした。アメリカで「分厚いメガネをかけた背の低いアジア人」という、あまり好意的とは言えないイメージで見られていた日本人が、スポーツマンとして世界に通用することを示したのだ。

当時ニュージャージー州の小学校に通っていた僕の妻は、野球に全く興味がなかったにもかかわらず、野茂の活躍によって「アメリカ人の日本人を見る目が変わった」ような気がして嬉しかったと言う。幼少期の約10年間をアメリカですごした彼女によると、日本人はそれまで「ナーディ（nerdy）」な性格、言うなれば「勉強はできるが社交性がなくスポーツも苦手」というイメージで見られている感もあったが、野茂はそんなイメージを一蹴した。野茂の活躍は、アメリカで暮らす日本人小学生にまで影響を与えたのだ。

1965年に村上がサンフランシスコでプレーしたのを最後に、一度は閉じかけた日本人メジャーリーガーの扉を野茂がこじ開けた後、まずは野茂と同じ投手たちが8人、20世紀のうちに続々と海を渡った。すでにアメリカにいたマック鈴木を含めて長谷川滋利、柏田貴史、伊良部秀輝、吉井理人、木田優夫、大家友和、佐々木主浩……そして2001年にイチローと新庄剛志が初の日本人野手としてメジャーに移籍すると、その後は投打に関係なく日本球界のスター選手たちがアメリカの地を踏み、2023年までに計66人の日本人メジャーリーガーが誕生している。2024年も山本由伸や今永昇太、松井裕樹らが新たにメジャーリーガーとなった。

野茂のメジャーデビューから今日までの約30年は、日本人メジャーリーガーの歴史において「幕開けの時代」だったが、日本社会にとっては「没落」の30年だった。

超高齢社会と少子化の進行とともに日本経済は停滞し、国際社会における日本のプレゼンスは低下した。「失われた10年」は「失われた20年」になり、やがて「失われた30年」になった。「ジャパン・アズ・ナンバーワン」の時代はとうに終わったが、日本のビジネスマンの代わりに日本のスポーツ選手が海外で活躍するようになった。野球だけでなくサッカーやテニス、ゴルフなど他の競技でも国際的に活躍する日本人アスリートは一気に増えた。近年だと錦織圭や大坂なおみ（テニス）、松山英樹（ゴルフ）、八村塁と渡邊雄太（バスケット）といった若いアスリートたちがアメリカで堂々たる活躍を見せている。欧州サッカーリーグの第一線でプレーする日本人選手も激増した。

こうした背景には、単純に優れた日本人アスリートが増えたこともあるが、スポーツのビジネス化とグローバル化が進んだ影響も大きい。今日のプロスポーツビジネスは、選手という「資産」が国境を越えて移動し、プロスポーツリーグやチーム、あるいはスポンサー企業などのＲＯＩ（投資対効果）を最大化させるマネーゲームにほかならない。日本にも優良な「資産」がたくさん眠っていると、アメリカやヨーロッパのスポーツチームは気づいたのだ。日本のアスリートたちはよくも悪くも金融商品と同様に売買の対象になり、欧米のスポーツビジネスに取り込まれていった。「日本の若者は内向きになった」と言われて久しいが、少なくともスポーツ選手は明らかに「外向き」志向が加速している。トップアスリートが「世界を相手に勝負したい」あるいは「もっと稼げる場所でプレーしたい」と思うのは自然なことだ。

大谷を利用した「スポーツ・ウォッシング」

１９９０年代以降はスポーツだけでなく、寿司やラーメンなどの日本食や、日本のアニメや漫画などサブカルチャーも海外で人気を博すようになった。最近では「スシロー」や「一蘭」は外国人観光客に大人気だし、「日本で年収300万円だった寿司職人が海外に出たら年収が10倍になった」という話もあるくらい、日本食は世界でニーズがある（そして日本と海外の賃金格差が拡大した）。日本政府が「クール・ジャパン」と銘打った日本のアニメや漫画も、今や多くの外国人が「日本」と聞いて真っ先に連想するもののひとつだ。日本のアニメーションは今や、国家アイデンティティのひとつになっている。

日本経済の低迷と反比例するように、日本は独自の食文化やサブカルチャー、そして優れたスポーツ選手を世界に輸出するようになり、それを見て「ひょっとして日本はすごいのかも」と再び日本人が思うようになった。もはや経済大国ではなくなり、かつてのように画期的な工業製品を生み出すことはできないが、その代わりにユニークな文化や世界の第一線で活躍できるアスリートを生み出すようになった。言うなれば「スシとアニメとショーヘイ・オータニ」が、現代日本が世界に誇る「三種の神器」になったのだ。

日本のテレビ番組を見ると、このことがよくわかる。日本のアニメや漫画を愛する「オタク」な外国人を面白おかしく紹介する番組や、美食やローカルグルメを食べ歩く番組には事欠かない。そして高視聴率を叩き出すスポーツ中継。古代ローマ帝国の時代から、腐敗した政府は国民に「パンとサーカス」を提供することによって国民の不満をそらすと言われてきたが、さしずめ現代なら「B級グルメとスポーツ」といったところか。糖質たっぷりの安価な食べ物と、スポーツ観戦がもたらす一時的な興奮は、日本人の多くを〝ドーパミン中毒〟にしている。国民に不満を露わにされては困る為政者は、マスメディアを通じてイージー&コンビニエントな娯楽を提供し、国民が余計なことを考えないように仕向ける。ジワジワと貧しくなっていく国民をおとなしくさせておきたい政府と、公共の電波を使ってチープな娯楽を提供するマスメディアは共犯関係にある。テレビやインターネットはいわば、現代社会の「ガス抜き装置」なのだ。テロップとCMだらけの刺激的な映像を延々と垂れ流し、国民を思考停止に陥らせる。

そんな為政者とマスメディアにとって「大谷翔平」は最高のコンテンツだ。

大谷を見ていれば「日本はすごい」と錯覚できるし、たとえ目先の生活が苦しくても、給料が上がらなくても、将来が不安でも、大谷の活躍を見ていれば忘れられる。それが束の間だとしても、世界を舞台に戦う大谷の姿に感動し「自分も頑張ろう」と思える。本当は社会に対して怒るべきことがあっても声を押し殺し、大谷の活躍に励まされながら苦しい日々を淡々と生きる……それこそが為政者たちが望む国民の姿だ。

スポーツの熱狂をうまく利用して、権力者が自分にとって不都合な情報や世論を洗い流すことを「スポーツ・ウォッシング」という。これはアメリカの政治学者ジュールズ・ボイコフが提唱した概念で、ボイコフはオリンピックをはじめとする現代のスポーツが一部の既得権益層に政治利用されていることを全面的に批判している。ボイコフは元プロサッカー選手で、1992年バルセロナ五輪にアメリカ代表チームの一員として出場した経験がある。自身が選手として出場したオリンピックを批判しているのだから、相当に強い問題意識を抱えているのだろう。

2021年11月に大谷がMLBで自身初となるMVPを受賞した3日後、日本政府は大谷に国民栄誉賞の授与を打診した。大谷は「時期尚早」と固辞したが、この国民栄誉賞とはいったい何のための賞なのか？　そんな賞をもらわずともすでに国民的英雄である大谷の人気とクリーンなイメージに便乗して、国民の政治に対する不満を洗い流そうという意図があったのではないか？　大谷の先人であるイチローに至っては、過去に3度も国民栄誉賞を辞退している。かたくなに受賞を拒む人物に3度も打診するという政府の図々しさに、逆に不信感を抱かざるを得ない。

さて、かくして大谷は寿司やアニメと並ぶ日本の〝主要輸出品〟となったわけだが、経済が低迷して大衆文化の振興に走ったのは何も日本だけの話ではない。かつてイギリスやイタリアや韓国も、自国経済が疲弊した際に音楽や美食など自国文化の輸出に舵を切った。

イギリスは1990年代、不況を乗り越えるために当時のトニー・ブレア首相が国家ブランディング戦略「クール・ブリタニア」を推進。オアシスやレディオヘッドなどのUKロック、ポール・スミスらのUKファッション、そしてサッカー選手のデビッド・ベッカムらが世界的人気を得た。イタリアも自国経済を支えていた製造業が衰退すると、美食とエスプレッソ文化、ファッション（イタカジ）を世界に輸出した。1997年のアジア通貨危機で経済破綻した韓国はK-POPをグローバルコンテンツにするため、ハリウッドなどエンターテインメント産業の本場に人材を送り込んだ。

このように、経済や社会がダメになると文化を輸出するようになるのは世界的なセオリーだ。日本の場合はバブル崩壊後の1990年代ごろから日本食やアニメーション、そしてスポーツ選手の輸出を始めた。この30年間で日本人メジャーリーガーが激増したことも、その一環として説明できる。そうした時代の流れの中で2018年、ついに大谷がMLBの舞台に登場した。

コロナ禍と大谷フィーバー

大谷は2017年オフ、エンゼルスと契約を結んだ。当時、大谷は23歳。「日本のベーブ・ルース」の呼び声とともに渡米したが、日本でもアメリカでも「メジャーで二刀流なんてできるわけがない」という声が多かった。日本球界の「ご意見番」張本勲も、大谷の無謀とも思える挑戦に「喝！」を入れた。

しかし、実際にはベーブ・ルース以上だった。2018年シーズンが開幕してすぐ、打者として3試合連続本塁打、投手として7回途中まで完全試合という離れ業をやってのけ、アメリカの野球ファンの度肝を抜いた。シーズン途中に肘を故障して、しばらくは打者に専念することになったが、メジャー1年目の日本人野手としては歴代最多のシーズン22本塁打を放ち、アメリカン・リーグの新人王を受賞した。

日本のメディアはもちろん、大谷のニュースで持ちきりだった。といっても僕は当時、マレーシアの首都クアラルンプールに住んでいて、日本のテレビを見ていたわけではない。でも、たまにオンラインのニュースを見れば、大谷の話題性の高さは十分に伝わった。

僕はこの頃、日系通信社のマレーシア支局で経済記者として働いていたが、その通信社は世界各地のニュースを自社のウェブサイトに掲載して、有料で契約している企業の従業員向けに配信していた。ヤフー！ニュースなどと同じくトップページに「アクセスランキング」があるのだが、２０１８年４月のある日、ふとランキングに目をやると、アクセス数トップ５がすべて大谷関連の記事だった。

大谷の活躍を速報する記事、監督やチームメイトの称賛コメントを並べた記事、大谷の地元・岩手の人々をインタビューした記事、等々……。ちなみにこのウェブサイトの主な読者は、国外で働く日本人ビジネスマンたちだ。彼らは自分が駐在する国のニュースや自分の仕事に関連する記事、あるいは日本の政治や経済に関する情報よりも、大谷の活躍を知りたくて仕方なかったようだ。

大谷は２０１９年シーズンも打者に専念し、前年より少し成績を下げたが活躍した。そして２０２０年は、トミー・ジョン手術を経て投手として復活し、再び二刀流選手としてプレーすることが期待された矢先に、新型コロナウイルス感染症のパンデミックが世界を襲った。その影響でシーズン60試合に縮小された２０２０年シーズン、メジャー３年目の大谷は不本意な成績に終わった。打者としては打率・１９０、本塁打７本。投手としてはわずか２試合の登板で、防御率37・80。

もはや「二刀流」は諦める潮時かと思われる成績だったが、翌2021年シーズン、エンゼルスのジョー・マッドン監督は「大谷を打者としても投手としてもフル回転させる」と明言した。具体的には「登板日の前日や翌日は休ませる」「登板日には打席に立たない」といった従来の起用法の制約を撤廃。「そんな使い方をしたら疲労でつぶれてしまうのではないか?」という周囲の懸念をあざ笑うかのように、大谷は開幕から投打で大活躍した。打者として46本塁打、投手として9勝。大谷はこの年、アメリカンリーグのMVPを満票で受賞。2014年に当時ニューヨーク・ヤンキースのデレク・ジーターが表彰されて以来となるコミッショナー特別表彰の栄誉も手にした。

大谷にとって最初のMVPイヤーが「ウィズコロナ」が定着した2021年にやってきたのは、単なる偶然だったかもしれない。だとしても、完璧なタイミングだった。

大谷の大活躍は、終わりの見えないコロナ禍に悶々としていた日本社会に明るいニュースをもたらした。みんながマスクで顔を隠すが、それにもかかわらず感染者数は増え続け、ワクチンも(他国に買い負けているがゆえに)なかなか提供されない。在宅勤務や外出規制によって心を病む人が増え、とくに女性の自殺者数が激増。「アベノマスク」など頓珍漢な施策を連発した政治は混迷を極め、もはや誰も政府に期待しなくなった。日本はこの先、どうなってしまうのか？　そんな得体のしれない不安が高まっていたころに、大谷の「リアル二刀流」が解禁されたのだ。「終わりなきコロナ禍」「先行きの見えない日本社会」という世相と相まって、2021年の大谷フィーバーは最高潮に達した。

ちなみに2021年といえば、当初の予定より1年遅れで東京オリンピック2020が行われた年だ。大谷が驚異的なペースでホームランを量産していたまさにそのころ、オリンピックが開幕した。まだコロナ禍が継続していたにもかかわらず強行開催されたオリンピックに対して批判の声が少なくなかったが、大谷に対する否定的な声は皆無だった。一部の既得権益者により政治利用されていたオリンピックに対し、大谷はただ単に野球をしていただけだから当然だろう。

大谷の「ヒーローズ・ジャーニー」

2022年シーズンも前年に劣らぬ大活躍を見せた大谷はその年の10月、エンゼルスと年俸3000万ドルで1年契約を交わした。

歴史的な円安がニュースになっていたが、年俸をドルで受け取る大谷にとって、円安になるほど懐に入る円での金額は増えることになる。契約当時のレートで約43億円という大谷の年俸は、物価上昇を受けて、日々の生活費を切り詰めている多くの庶民にとっては天文学的な数字となった。あまりに桁が違うため、羨ましいとすら思わない。等身大の「会いに行けるアイドル」が一般的になった今日だが、大谷の存在は物理的にも精神的にも、あまりにも遠い。そのとてつもない遠さ、手の届かなさが大谷を紛れもないスーパーヒーローにした。いわば神話的な存在で、多くの人はその生身の姿を見たこともないが、しかしこの世界に確かに存在していると信じる存在。それは即ち「神」である。

大谷は神のごとく、人間を超越した存在として崇められている。「雲の上の存在」、などという表現では不十分で、この世のものとは思えない存在。アメリカのＭＬＢ中継を見ていても、現地のアナウンサーが大谷を〝He is not from our planet〟(彼は地球人じゃない)、〝He is not a human〟(彼は人間じゃない)といった表現で大谷のすごさを称えている。

僕ら日本人は、この世界における最たる「大谷信者」だ。この生きづらい、先の見えない世の中を大谷さまが救ってくれる……。

２０２３年春、世界はすっかり「アフターコロナ」となり、日本でもようやくマスクの着用要請が解除されたころ、大谷は日本に〝上陸〟した。第5回ワールド・ベースボール・

クラシック（ＷＢＣ）に出場する「侍ジャパン」の一員として。

　大谷が日本のファンの前でプレーするのは、２０１７年オフのＭＬＢ移籍後では初めてで、実に5年半ぶりのことだった。初の実戦となった3月6日の強化試合で、大谷はいきなり魅せた。この日の対戦相手だった阪神タイガースの投手陣を相手に、２打席連続の３ランホームラン。１本目は低めの変化球に体勢を崩され、片膝をつきながら片手でバックスクリーンまで運んだ。２本目は内角のボールにつまらされ、バットを折りながらも右中間スタンドまで運んだ。「メジャー級」などという言葉ではまったく物足りない、規格外のパワーだった。

　日本のメディアはこの日、当然ながら大谷一色となった。大谷と同じユニフォームを着る侍ジャパンの選手たちも「次元が違う」「言葉が出

FanNation Fastball FN

Not Human Shohei Ohtani Closing in on Even More American League Immortality

With another home run on Friday, Los Angeles Angels star Shohei Ohtani is closing in on becoming just the third American League player over the last 50 years to hit 40 home runs before August.

BRADY FARKAS • 11 HOURS AGO

“Not Human”（人間じゃない）という言葉で大谷のすごさを伝える米メディア『FanNation』（2023年7月28日）

ない」などと、あっけにとられた様子で感想を述べた。この試合を中継していたテレビのアナウンサーは「大谷がとんでもない姿で帰ってきました！」と興奮して伝えた。

そう、大谷は帰ってきたのである。ＭＬＢで世界最高の選手になるという旅を終えて、母国の日本へ。

アメリカの神話学者ジョゼフ・キャンベルは、古今東西の神話に登場するさまざまな英雄の物語を研究し、それらの物語に共通のテンプレートがあることを発見した。それは「主人公が旅に出て、苦労しながらも成長し、やがて帰還する」というものだ。この物語の流れは「ヒーローズ・ジャーニー（英雄の旅）」と呼ばれ、古い神話だけでなく現代のフィクションにもよく見られる。たとえば『スター・ウォーズ』『ライオン・キング』『千と千尋の神隠し』『ドラゴンボール』など、世界的にヒットした物語の多くはこうしたシンプルだが力強いプロットにのっとっている。

大谷翔平の人生も、そんな「ヒーローズ・ジャーニー」のひとつだと言えよう。23歳で渡米し、故障やスランプで苦労しながらも成功を収め、そして故郷に帰ってきたのだ。もちろん大谷はまだ旅の途中にあり、物語の続きは誰にもわからない。創作された物語と違って、シナリオはない。シナリオがないからこそ、僕らは大谷にこれほどまで夢中になれるのだろう。

〝とんでもない姿〟で日本に帰ってきた大谷はその後、大会MVPに輝く活躍で侍ジャパンを世界一に導いた。間もなく始まったMLBのシーズンでは日本人初、アジア人初のホームラン王に輝き、MLB史上初めて2度目の「満票MVP」を受賞した。そしてシーズン終了後の12月、ロサンゼルス・ドジャースと10年総額7億ドル（約1015億円）というスポーツ史上最高額で契約し、大谷の「ヒーローズ・ジャーニー」は次のチャプター（章）へと移行した。

「日本人メジャーリーガー第1号」村上雅則の渡米から約60年。そして「日本人メジャーリーガーのパイオニア」野茂の渡米から約30年。大谷は、日本人メジャーリーガーの歴史における頂点を極めた。

日本人メジャーリーガーの歴史において今後、これ以上の高みが果たして訪れるのだろうか？

もし今後、日本社会が過去30年と同じようにゆっくりと衰退していくならば、やがて大谷を超えるような選手が現れるのかもしれない。これまで日本社会が衰退すればするほど優れた野球選手が出てきて、ついには大谷が登場したのだ。政治が混乱し、経済が低迷するほどスポーツの熱狂は高まり、優れたアスリートが誕生する……。

スポーツは時に「時代を映す鏡」と言われるが、今の日本では大谷こそが「時代を映す鏡」なのだ。

第5章

ビデオゲーム化する現代野球と「パワプロ的」な大谷のホームラン

大谷のホームラン映像が持つ中毒性

ｉＰｈｏｎｅで動画の再生ボタンをタップする。画面手前に映るピッチャーズマウンドの投手がセットポジションに入る。画面の奥に見える左打席には赤いヘルメットをかぶった背番号17、大谷翔平がバットを構えている。

投手が投球モーションに入り、キャッチャーミット目がけて投げる。時速１５０㎞を超える速球を大谷が無駄のない、優雅で力強いスイングで弾き返し、良い角度で上がった打球は左中間にグングン伸びていく。打球を追いかけようとした外野手は早々に諦めて打球を見送っている。空中からようやく落下してきた白球はフェンスの奥にある岩山を直撃し、大きく弾む。アナハイムの夜空に花火が打ち上がり、大歓声のなか、大谷が涼しげな顔でダイヤモンドを一周する。

現地で実況を担当するアナウンサーは「スゴイ！」「オハヨーゴザイマス！」などと知っている日本語を適当に交えて、特大ホームランの興奮を視聴者に伝える。大谷は三塁を回ったところでベースコーチャーとハイタッチしてホームイン。ダッグアウトに戻った大谷の頭に同僚のマイク・トラウトが「兜」をかぶせ、チームメイトやスタッフの一人ひとりが大谷とハイタッチを交わす。画面にはリプレイが流れ、測定された打球の速度と角度が表示される。打球速度１１２・４マイルは、大谷が今年放ったホームランで何番目に速い打球かうんぬん……。

大谷がロサンゼルス・エンゼルスの選手として６年間で放った計１７１本のホームランは、その全てが30秒から１分程度のハイライト動画として編集され、メジャーリーグ（ＭＬＢ）公式サイト「ＭＬＢ.ｃｏｍ」やＭＬＢ公式アプリ「Ａｔ Ｂａｔ」で公開されている。

ＹｏｕＴｕｂｅのＭＬＢ公式チャンネルでも同じ映像を見ることができるし、日本のテレビニュースで同じ映像が流れることもある。「野球の華」であるホームランの瞬間を切り取って、忙しい現代人でも楽しめる短時間の「動画コンテンツ」としてパッケージ化したものだ。３時間を超える野球の試合を今どき、プレーボールからゲームセットまで見ていられる人はそう多くない。

僕らはだいたい、大谷のホームランや奪三振シーンなどを「おいしいとこ取り」できれば満足なのだ。

3時間を超える野球の試合を見続けるのは退屈だが、大谷のホームラン映像は不思議なことに何度見ても飽きない。野球ファンにとって、大谷のホームランはもはや芸術だ。パワフルで美しいスイング、高々と上がった打球の軌道、そして打球を見つめる大谷の鋭い眼差し……。全てが同じようで違う一本一本のホームラン映像を繰り返し見ていると、やがて映像を見ずとも脳内で大谷のホームランを再生し、身体がノレるようになる。まるでハウスミュージックの心地よいビートとグルーヴが耳に残り、街中や電車内でも思わず身体を揺らしてしまうように。

大谷のホームランには電子音楽にも通じる、反復的で中毒的な快感がある。

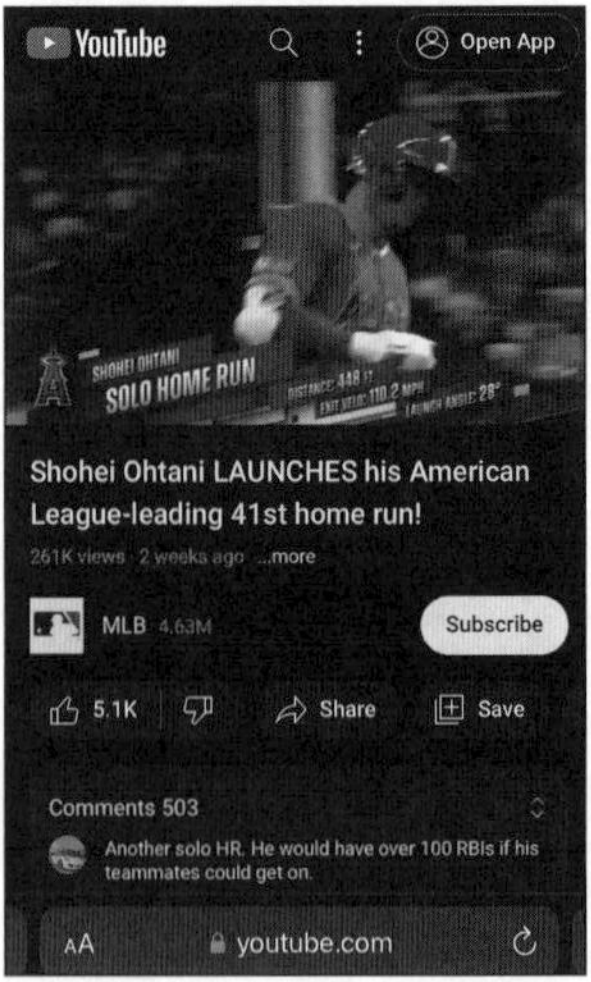

MLBのYouTubeチャンネルに投稿された大谷のホームラン映像（2023年8月14日）

テクノロジーと現代的な「大谷ウォッチ」スタイル

音楽の聴き方と楽しみ方は、メディアテクノロジーの進化とともに変化した。たとえば、今日ではオンラインでのストリーミング視聴が主流になり、ＣＤはさっぱり売れなくなった。そのＣＤはかつて、それまで主流だったレコードに取って代わった新しいメディアだった。ストリーミング視聴が主流になったことに伴い、近年のポップミュージックは一曲あたりの時間が短くなり、歌い出しやサビに入るまでの時間も短くなった。クリックひとつで別の「コンテンツ」に移動してしまう、移り気なリスナーを飽きさせないための工夫が求められるようになった。

スポーツの楽しみ方も同様に、メディアテクノロジーの進化とともに変化している。今から約１００年前、ベーブ・ルースの時代は新聞が主要メディアで、やがてラジオ、テレビ、そしてインターネットと新しいメディアが登場した。インターネットも主要デバイスはＰＣからスマートフォンへ、主要プラットフォームはポータルサイトからＳＮＳへ、といったようにユーザーインターフェースが変化している。

僕ら現代人は、エンターテインメントとしてのスポーツをどのように楽しんでいるのだろうか？

ＭＬＢに関していえば、シーズン中はＮＨＫのＢＳ放送でほぼ毎日中継されていることもあり、テレビで大谷の活躍を楽しんでいる人も多いだろう。ＭＬＢの試合は日本時間の深夜から翌日昼すぎにかけて行われるが、すでに仕事をリタイアしている高齢者や時間的自由度の高い仕事をしている人なら、午前中に大谷の試合を見ることができる。とくに時間を持て余している多くの高齢者にとって、大谷の試合は良い「ヒマつぶし」になるはずだ。もともと野球に強い興味があったわけではないが、何となくテレビをつけて見ているうちに、気づけば大谷のファンになっていた……なんて人も少なくないだろう。

一方で、平日の朝から仕事をしているサラリーマンや学生の野球ファン、大谷ファンは、大谷の活躍をどうやって追いかけているのだろうか。

あくまでも一例だが、たとえば僕の場合はこんな感じだ。日本時間の午前11時半、自宅近くのコワーキングスペースでクライアントとのオンライン会議を終えたら、仕事を中断して近所にあるお気に入りの韓国料理屋に入る。メニューを眺め、スンドゥブチゲ定食を注文してからｉＰｈｏｎｅを手に取り、慣れたものだがＭＬＢ公式アプリ「Ａｔ Ｂａｔ」を開く。アプリ内の「Ｓｃｏｒｅ」タブをタップすると、「Favorite team」として登録しているエンゼルスの試合速報が表示される。（やれやれ、エンゼルスは今日も負けたようだ……）。続いて「Ｂｏｘ Ｓｃｏｒｅ」を開いて「Ｏｈｔａｎｉ」の文字を探す。大谷の今日の活躍ぶりが、無機質な数字で説明されている。５打数３安打、１本塁打、１盗塁。今度は「Ｖｉｄｅｏ」タブをタップし、大谷がホームランを放ったシーンの動画を探す。30秒程度に編集された動画を見ながら、熱々のスンドゥブチゲが運ばれてくるのを静かに待つ……。

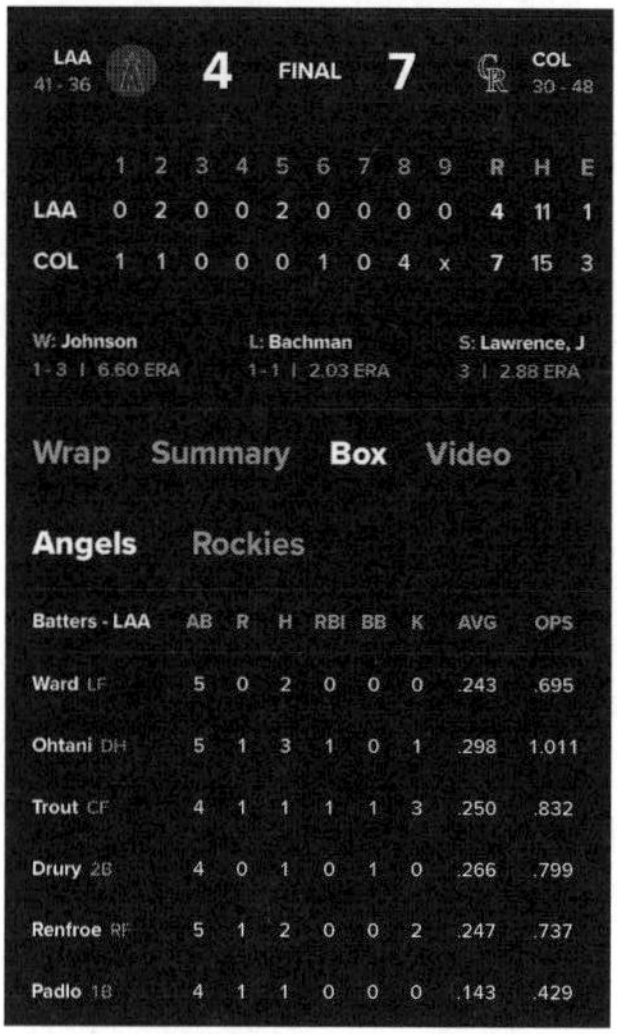

MLB公式アプリ「At Bat」で表示される試合のボックススコア。大谷は3安打しているがエンジェルスは逆転負けということがわかる（2023年6月24日）

大谷が大ブレイクした２０２１年の春以降、ＭＬＢのシーズン中はこうした一連の流れが僕の日課となっている。かつてフリーランスのライターとしてＭＬＢに関する記事を書いていたころは、日本にいても毎日のようにＮＨＫやＪ ＳＰＯＲＴＳ、あるいはＭＬＢが運営するストリーミング中継サービス「ＭＬＢ.ＴＶ」などで試合を見ていたが、今は試合中継を見ることはほとんどない。リモートワークとはいえ会社員の身、平日の午前中は仕事をしているし、休日も娘と遊んでいることが多い。それほど多忙な生活を送っているわけではないが、毎朝ＭＬＢ中継をのんびり見ていられるほどヒマではない。その結果、自分にとって都合の良いタイミングで、インターネットで大谷の最新情報をサクッとチェックするのが僕の「大谷ウォッチ」スタイルとなった。

10代のころからＭＬＢファンだった僕の場合は「ＭＬＢ.ｃｏｍ」や「Ａｔ Ｂａｔ」が主要な情報源となっているが、ヤフー！ニュースやＹｏｕＴｕｂｅなどで大谷の最新情報をチェックしている人も多いだろう。いずれにしても、試合をじっくり観戦するのではなく、大谷の成績やハイライト映像を選択的かつ断片的にチェックするのが特徴だ。ヤフー！ニュースを開けばエンゼルスの勝敗よりも先に、大谷のその日の結果が出てくる。大谷の成績をチェックするだけなら1分もかからない。忙しい現代人でも継続的に「大谷ウォッチ」ができるというわけだ。

しかし、このようなかたちで「大谷ウォッチ」をしていると何が生じるか？

たとえば僕は、大谷の成績をほぼ毎日チェックしているにもかかわらず、大谷が「凡退」

するシーンをほとんど見ていない。大谷が打席で際どいボール球を見逃したり、あるいはマウンド上で捕手のサインに首を振るシーンなども見ていない。ＭＬＢ公式サイトのハイライト動画や日本のテレビニュースに映るのは、大谷がホームランを放ったシーンや、奪三振ショーを繰り広げる姿ばかりだからだ。

２０２３年、大谷はリーグトップの出塁率・４１２をマークしたが、この数字は裏を返せば、最強打者・大谷といえども全打席の約６割は凡退しているということだ。しかし僕が見ているのは、大谷が出塁に成功した約４割の打席、なかでもホームランやタイムリーヒットなど限られたシーンだけだ。三振して悔しがる大谷の姿は、僕の脳内データベースにほとんどない。僕の脳裏に焼き付いているのは、特大ホームランを放って優雅にダイヤモンドを一周する大谷ばかりだ。こうして僕の脳内では「いつでも大活躍している大谷」というイメージが強化される。

今日のインターネット、とくにフェイスブックやツイッター（現・Ｘ）、インスタグラム、ＴｉｋＴｏｋといったＳＮＳではタイムラインや広告の内容が各ユーザーの興味関心に合わせて最適化され、その人にとって関心ある情報や「見たい」コンテンツが優先的に表示される。その結果として、各ユーザーが目にする情報やコンテンツが過度に偏ってしまうことを「フィルターバブル」という。たとえば、政治的にリベラルな思想を持っている人には、同じくリベラルな思想を持った人の発言や関連する情報ばかりが表示され、その人のタイムラインはリベラルな言論で埋め尽くされる。熱心なプロ野球ファンのタイムラインは、野球に関する情報で埋め尽くされ、まるで野球が世界で唯一の話題であるかのような錯覚に陥る。こうした「フィルターバブル」は個人の視野を狭め、思想の偏りを促し、自分と異なる価値観を持つ他者への寛容さを喪失させるとして問題視されている。誰もが「見たいものしか見ない」ようになると、自分とは異なる他者への興味を失い、そして異文化への耐性が下がるという結果をもたらす。

日本のスポーツ報道における大谷の存在も、ある種のフィルターバブルといえよう。大谷に関する情報、それも活躍したシーンばかりが優先的かつ選択的に報じられる。日本のメディアは「大谷の活躍」という、僕ら日本人が見たい情報、僕ら日本人にとって都合のいい情報をひたすら垂れ流す。もちろん三振よりホームランのほうがニュースになりやすいのは当然だが、たとえば「世界で愛される大谷！」といった、日本人の自尊心をくすぐることを過度に意識したような報道も目立つ。

英字メディアの報道に日常的に接している僕からすると「それは言いすぎだろ！」「大

袈裟な！」と思ってしまう表現も少なくない。大谷が今や「ＭＬＢの顔」であることは間違いないが、そもそもアメリカでは野球人気が下火で、野球には興味のない多くのアメリカ人にとって大谷は「どうでもいい」存在だろう。また、野球というスポーツが根付いていない世界の多くの地域では、大谷の知名度はクリスティアーノ・ロナウドやリオネル・メッシの足元にも及ばない。

大谷のニュースや映像は、今や多くの日本人にとって「サプリメント」のようなものになっている感がある。大谷の活躍を見ると手っ取り早く元気が出る、テンションが上がる。今日も一日頑張ろう！という気持ちになる。たった30秒の映像で、確実にポジティブな効果が得られる。テレビが「今日も大谷が打ちました！」と伝えているのを見ると、まるで日本国民に「今日も一日、頑張って働きましょう！」と伝えているかのように思える。僕ら日本人は果たして、そんなに疲れているのだろうか？

ただの「娯楽」になった野球

野球という競技は本来、観戦を楽しむために「文脈」を理解することが極めて重要なスポーツだ。

たとえば、大谷が投手として強打者アーロン・ジャッジと対戦する。野球について何も知らない人がこの対戦を見ても、単に「大男がボールを投げて、もう一人の大男がバットを振っている」だけの映像にすぎず、何も面白くないだろう。しかし、両者が今日の野球界を代表するスーパースターであり、２０２２年にアメリカン・リーグＭＶＰを争ったライバル同士であるという事実を知っている人にとって、この対戦は必見のドラマだ。勝負の背景にある文脈を理解していないと、十分に楽しめないものなのだ。それは西洋美術の鑑賞に歴史や宗教への理解が不可欠だったり、ハリウッド映画は「元ネタ」を知っていたほうが楽しめるというのに似ている。

また、たとえば大谷がホームランを放つにしても、初球をあっさりホームランにしたのか、それとも空振り２つで追い込まれた後に粘って３ボール２ストライクまで持っていき、最後に

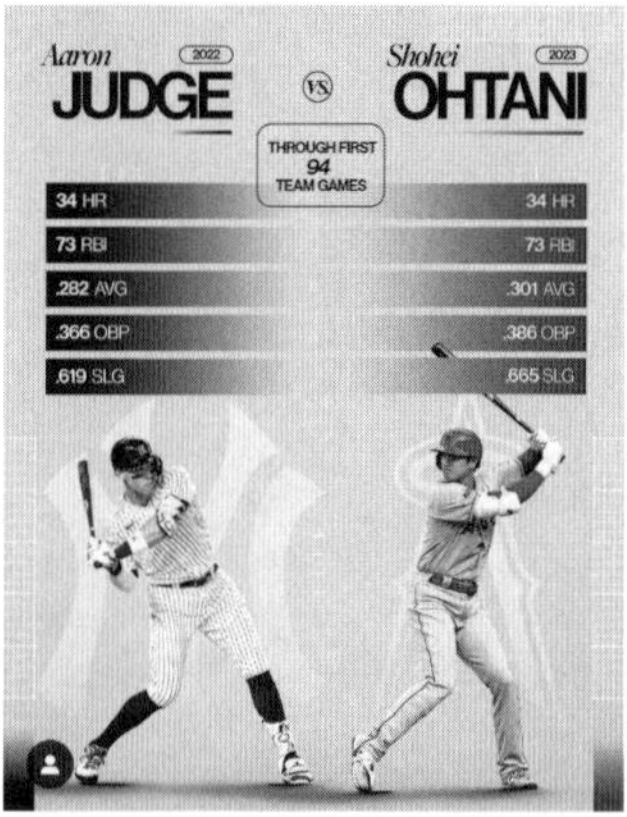

2022年のジャッジと2023年の大谷を比較するデータ（MLB公式X、2023年7月18日）

ようやく甘い球を捉えたのかでは、その印象が大きく異なる。しかしハイライト映像では、そうしたホームランを打つまでの過程、投手との駆け引きなどはすべてすっ飛ばされてしまう。ホームランを打ったその瞬間だけを見ても、勝負の面白さはわからない。けれど、少なくとも気持ちのいい、スカッとした気分にはなれる。ストレスが溜まった短気な現代人にとっては、それで十分なのだろう。長ったらしいプロセスなんてどうでもいいから、いちばんおいしいシーンだけを見せてくれ！　というユーザビリティの高いコンテンツの普及によって、人間はどんどん即物的になってきている。

プロ野球をビジネスとして捉えたとき、彼らと競合するのは、たとえばサッカーやバスケットボールといった他ジャンルのスポーツではない。あるいは、テーマパークやショッピングモールなどのレジャー産業とも限らない。今日、プロスポーツ興行の最たる競合はおそらく、SNSやオンラインゲームなどの「ヒマつぶし産業」だ。

スマートフォンひとつあれば家で無限に時間がつぶせるのに、わざわざ出かけてカネのかかる遊びをするなんてメンドクサイ。それならば家のテレビで野球中継を見るかというと、やはりゲームをしているほうが全然楽しい。これが今、日本に限らず一般の感覚ではないだろうか？　僕自身、野球好きであるにもかかわらず野球中継はほとんど見ないし、球場に行くこともめったにない。日常的に見るのは前述したMLB公式アプリ「Ａｔ Ｂａｔ」ばかりである。

かつてアメリカの「国民的娯楽」と呼ばれた野球は、今やただの「娯楽（のひとつ）」になりはてたのだ。

ＳＮＳやオンラインゲームといった強力なライバルと、人々の時間を奪い合わなければならない今日の過酷な競争環境において、〝長ったらしいスポーツ〟である野球が「30秒のハイライト映像」で勝負しようと考えるのは自然なことだ。そして大谷は、この「30秒のハイライト映像」時代の申し子とでも言うべき選手である。

目を見張るような特大ホームランに、時速１６０㎞を超える剛速球、打者の手元で大きく曲がる変化球、一塁に向かって走りだしたと思ったら一気に三塁まで到達しているスピード……。大谷の突出した身体能力が生み出すプレーはダイナミックで、シンプルに魅力的だ。たとえば「絶妙な送りバントを決める」などといった玄人受けする渋いプレーではなく、素人が見ても一目ですごさがわかるプレー。そういう「わかりやすい」プレーが今のスポーツには求められている。

「ビデオゲーム化する野球」を嘆くイチローとダルビッシュ

　大谷のような「わかりやすい」プレーが今の野球界で求められているのは、単にそれが「30秒のハイライト映像」に適しているというマーケティング的な理由からだけではない。フィールド上でも「より強い」「より速い」プレーが求められている。その背景には、２０１０年代にプレーのトラッキング技術が進化したことがある。

　ＭＬＢでは現在、打球の速度や角度、走塁のスピード、投手のストレートの回転数や変化球の変化量など、選手たちのありとあらゆるパフォーマンスが最新機器で計測されている。たとえば２０２３年の大谷は打球の平均速度が94・４マイル（ＭＬＢ全体の上位１％）、走塁のスピードが秒速27・８フィート（37％）、ストレート（フォーシーム）の回転数が２２６０回転／分（53％）等々、その能力が全て数値化されている。

　打率や防御率といった「結果」の数字が運に左右される一方で、打球の速度やストレートの回転数といった「過程」の数字はより正確に選手の能力を表す。現在のＭＬＢを中心とした野球界ではそう考えられている。それゆえ、選手たちはひたすら「速い打球」や「回転数の多いストレート」を追い求めるようになっているのだ。

いわば野球というスポーツが現場の感覚を頼りにした「アナログなゲーム」ではなく、統計学に基づくデータドリブンで「デジタルなゲーム」になったわけだが、この変化を快く思わない選手や野球関係者もいる。たとえばイチローは2019年に現役引退を発表する記者会見の場で、こう苦言を呈した。

「頭を使わないとできない競技なんですよ、本来は。でもそうじゃなくなってきているのが、どうも気持ち悪くて。危機感を持っている人って結構いると思うんですよね」

ただ単に「速い打球」や「回転数の多いストレート」をひたすら追い求める現代野球は確かに、単細胞的だ。一方で現代野球は、昔とは違う頭の使い方をしないとできない競技になっている。今日の選手たちはiＰａｄに表示されるさまざまなデータを見て、自身のパフォーマンスを改善する方法について仮説を立てなければならない。最先端のテクノロジーを駆使して野球動作を解析するシアトルの施設「ドライブライン」には、今や大谷を含む多くのメジャーリーガーが通っている。見方によっては昔よりも「頭を使わないとできない競技」になっているのだ。

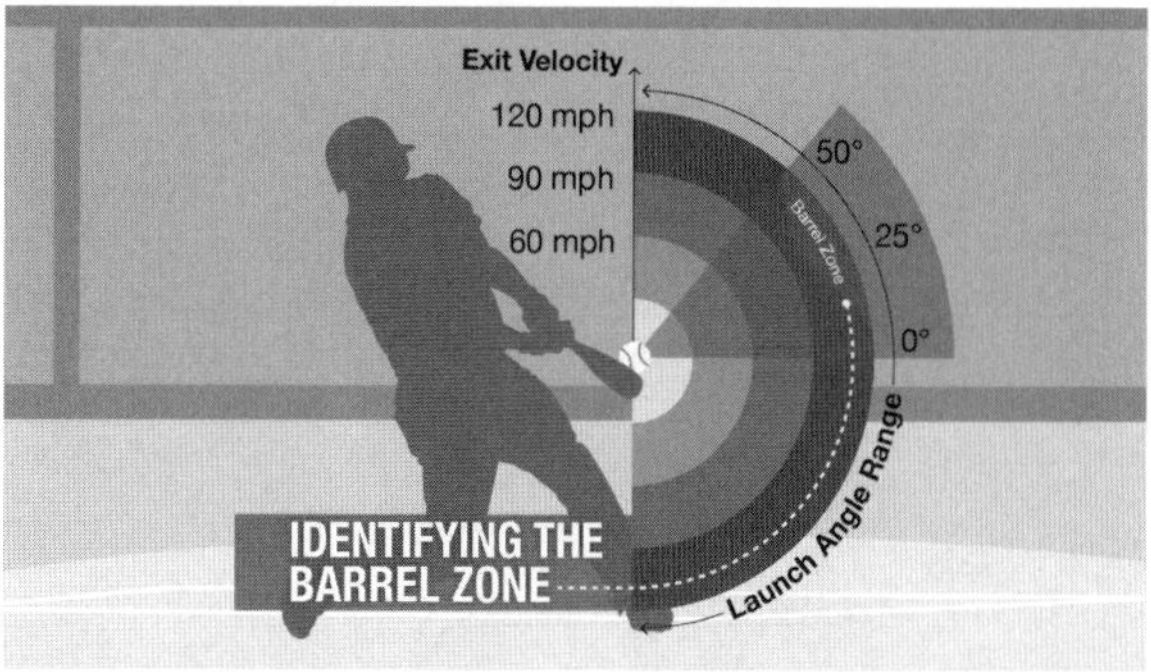

MLB公式サイトに掲載されている「バレルゾーン」の定義。打球速度と角度の組み合わせによって長打に繋がりやすい確率が示される

野球が「頭を使わないとできない競技」ではなくなりつつあることを嘆いたイチローは当時45歳。彼の発言を「時代に取り残されたベテラン選手の戯言」と一蹴する声もあったが、たとえば最先端のテクノロジーやデータを大いに活用している現代的な選手の一人であるダルビッシュ有も、２０２３年にこう言っている。

「10年前、15年前はそんなに変化球を投げられなかった投手が、今は投げられるようになってしまう。僕は、そういう意味ではつまらないです。答えが出ている状況。問題集と一緒で答えがある。わからないで解いていくというのが昔で、今は答えが横にあって、こういう感じで、じゃあ式をどうしていこうかっていうところの話になっているので、あんまり面白くない」

昔は各選手が手探りで、どうしたら野球が上手になるのかと試行錯誤していたが、今は攻略本を片手にビデオゲームをプレーしているような感がある、ということだろう。好むと好まざるとにかかわらず、デジタル技術の進化とともに野球はどんどんビデオゲーム的になってきており、その変化に適応した選手が成功している。そして我らが大谷は、そんなビデオゲーム的な選手の代表格だ。

「自分育成ゲーム」。パワプロ的な大谷

日本のメディアはよく、大谷の活躍を「漫画のよう」と表現するが、個人的には「ビデオゲームのよう」のほうがしっくりくる。「漫画のよう」と言うと、たとえば現実的にはありえない変化をする「魔球」を投げたり、あるいは「トルネード投法」的な飛び道具が出てきそうだが、大谷の場合はそうではない。大谷は投打ともに極めてオーソドックスな選手だが、単純に、すべての能力がありえないくらいハイレベルなのである。言うなれば人気野球ゲームである実況パワフルプロ野球、通称「パワプロ」でオリジナルの選手を育成するサクセスモードを極めた人が、裏技を使って全能力「A」ランクを持った完璧な選手を作り上げたという感じだ。まさにビデオゲーム的であり、実際にアメリカのメディア

は投打の両方で突出した活躍を見せる大谷の成績を〝video game numbers〟（ビデオゲームのような数字）と表現することもある。

　ということを考えていたら２０２４年1月、大谷がそのパワプロの「アンバサダー」に就任したことが発表された。大谷はやはり幼少期にパワプロを楽しんでいたようで、インタビューでこう語っている。

「ある種、自分が選手というか『サクセス』みたいなものだと思う。自分に合った練習をして、休むこともですけど、練習したものが返ってくるという意味では、ゲームも現実も大ざっぱに言えば同じ。そういう感じで、自分自身がパワプロの選手だと思って（練習を）やっていたので、子どものころは単純に楽しかった」

「ゲームのなかの選手を自分で育てることもすごく好きだったので、今は自分の体を使って（パワプロのサクセスと）同じようなことをやっている感じですかね。自分の育成ゲームみたいな感覚というか。趣味みたいなところもありますし、そういう部分は（影響が）あるかなと思います」

「ゲームも現実も大ざっぱに言えば同じ」というセリフを昭和のプロ野球選手が聞いたら腰を抜かしそうだが、まさに「自分育成ゲームみたいな感覚」で飄々と、涼しい顔で野球を楽しんでいるように見えることが大谷のすごさであり、何より時代を体現している。

1970年代に日本の野球文化をアメリカに紹介する『菊とバット』を著したアメリカ人作家のロバート・ホワイティングは、日本において野球というスポーツは「武士道」を体現するものだと書いた。

朝から晩まで続くつらい練習、「型」の習得を重視する姿勢。厳しい上下関係や礼儀作法、そして楽しむことよりも苦しむことに価値を見いだす美意識……。『菊とバット』には当時まだ現役選手だった王貞治が日本刀をバットに見立てて振り下ろすモノクロ写真が載っている。日本球界のレジェンドは何ともわかりやすいかたちで、野球というスポーツが「武士道」に通ずることを体現していた。

野球というスポーツが「武士道」に通ずるという考え（あるいは信仰）が今も根強く残ることは、日本代表チームの「侍ジャパン」という愛称からもうかがえる。たかが野球選手と言うなかれ、日本代表選手たちは国を背負って戦う「侍」なのだ。もっともこれは野球に限った話ではなく、サッカー日本代表チームの愛称も「サムライブルー」だ。この国では何でも「侍」または「サムライ」にすることを好む。僕ら日本人はいまだに映画『ラスト サムライ』を見て、トム・クルーズが「武士道」を体現すべく無謀な戦いを挑む姿に涙するのだから……。

大谷の代名詞である「二刀流」という言葉のルーツも、日本史上に残る伝説的剣豪・宮本武蔵が約４００年前に編み出した剣術にある。その言葉通り、武蔵は片手ではなく両手に刀を持って戦っていたのだ。では現代の「侍」である大谷も両手にバットを持っているのかというと、もちろんそうではない。投手と打者の両方をやることを半ば強引に「二刀流」と僕らは言っているのだ。ちなみにアメリカで大谷は〝two-way player〟とシンプルに表現される。

個人的には、投打の両方をやることで相乗効果が生まれるという意味を込め〝hybrid player〟（ハイブリッド・プレーヤー）とでも言ったほうが的確で響きもいいと思うのだがどうだろうか？　世界で普及しているハイブリッドカーも日本メーカーの発明というのは余談だが。

大谷の「二刀流」は今や完全に定着しているが、しかし大谷が影響を受けているのは宮本武蔵ではなく、幼少期に遊んだパワプロである。大谷にとって野球は「武士道」の追究などという大げさなものではなく、ただ単に楽しくて仕方がないゲームなのだ。だから「二刀流」ではなく「コントローラー2台持ち」とでも言ったほうが、本当は大谷のキャラクターに合っているのかもしれない。

そういえば、野球の試合は英語で〝game〟と表現する。イギリス生まれのサッカーやラグビーの試合は〝match〟だが、アメリカ生まれの野球は〝game〟なのだ。そう考えると、大谷のように野球をゲーム感覚で楽しむというのは、それこそが野球本来の正しい楽しみ方であるような気がしてくる。

パワプロを発明した日本から現代野球最高の選手が生まれたのは、もしかすると必然だったのかもしれない。

第6章

2023年のヌートバー旋風から考える「もし大谷が18歳で渡米していたら？」

侍ジャパンの「スパイス」になった男

「ヌートバーって、誰?」

2023年3月に行われた第5回ワールド・ベースボール・クラシック(WBC)に出場する日本代表チーム、通称「侍ジャパン」の候補選手リストに「ラーズ・ヌートバー」の名前を見つけた人の多くが、最初はこう思ったに違いない。リストには大谷翔平やダルビッシュ有、鈴木誠也らMLBで活躍する日本人メジャーリーガーたちに加え、村上宗隆や山本由伸、佐々木朗希らNPBのスター選手たちがズラリと名を連ねている。そこにヌートバーの名前も含まれていた。

ヌートバーは2021年にセントルイス・カージナルスの外野手としてMLBデビューした若手選手だ。アメリカ生まれのアメリカ育ちだが、母が日本人であり「タツジ」という日本名のミドルネームを持っている。母が日本人であるため、WBCで日本代表選手として出場する資格があり、侍ジャパンを率いる栗山英樹監督がリクルートした。本人もWBC出場を熱望し、2023年1月、日本代表選手30人のうちの一人となることが正式に決まった。

ＷＢＣは、ＭＬＢが「野球の国際化」を掲げて２００６年に第１回大会を開催した国際大会だ。２０２３年が5回目だったが、侍ジャパンに「日系選手」が参加するのはヌートバーが初めてだった。

ヌートバーには日本人の血が流れてはいるが、日本で生まれ育ったわけではない。日本で野球を学んだわけではなく、日本語も話せない。現役のメジャーリーガーではあるが、日本のプロ野球ファンの大半が名前も知らなかった選手を、ＮＰＢのスター選手や日本人メジャーリーガーで構成されたチームに加えて、しかもそれらの選手たちを押しのけて主力として使うことができるのか？

一部のコアなＭＬＢファンしかその存在を知らなかったヌートバーが侍ジャパンのレギュラーを務め、そのあおりを受けて日本人のスター選手がベンチを温めることになったらファンは受け入れられるのか？　そんなことをして勝つくらいなら「純日本」チームで戦って敗れたほうがいい、と思う人も多いのではないか？　ただ「日系人」というだけで日本代表チームに加わる選手がいることを、日本の野球ファンは受容できるのか？

「侍ジャパンにヌートバーが加わるかもしれない」というニュースを最初に目にしたとき

に僕が抱いた感想だったが、いざ、その話が現実になる頃には風向きが変わっていた。

ヌートバーのWBC参戦が現実味を帯びると、日本のメディアはこぞって「ヌートバーとは何者か?」を調べあげて語り始めた。その内容は、ほぼ一貫して「ヌートバーがいかに『日本人』であるか」「ヌートバーがいかに侍ジャパンの一員に相応しいか」「ヌートバーがいかに『いいヤツ』か」を説明するものだった。ヌートバーが「どんな野球選手であるか」という話よりも、ヌートバーが「どんな生い立ちで、どんなふうに日本との接点があり、どれほど日本を愛しているか」という話が中心となった。

日本語が話せないヌートバー本人に代わって母の久美子さん、通称「クミさん」が日本メディアのインタビューを受けることもあった。いかにも「アメリカナイズされた日本人女性」という印象のクミさんは自ら率先してメディアに出て、息子がいかに日本を愛しており、自身に日本人の血が流れていることに誇りを持っているかを語った。

そうしたエピソードを紹介する記事や報道は、つい最近までヌートバーの名前を聞いたこともなかった日本の野球ファンに「そうか、ヌートバーの心は日本人なんだ。侍ジャパンの一員となるのに相応しい人間なんだ」と思わせた。ヌートバーを招集した栗山監督も、記者会見でヌートバーについて「表情だったり、直接話したら、100%全員が好きになる、そんな愛すべき人柄だし、魂を持った選手」と、彼の野球選手としての実力や特徴よりも「人間性」にフォーカスして話をした。野球選手としての能力以前にまずは人間として、さらに言うと「日本人」としてヌートバーが日本で受け入れられる必要があると感じていたのだろう。

「侍魂」を持った大谷の相棒

そして、いざヌートバーが侍ジャパンのユニフォームを身にまとい、日本の強力打線を率いるリードオフマンとして大活躍を見せると、空前のヌートバー旋風が巻き起こった。「ヌートバーは日本の野球ファンに受け入れられるのか？」どころの話ではない。ヌートバーは大谷に次ぐ、もしくは大谷に匹敵するほどの人気者となったのだ。

走攻守にわたる素晴らしいプレーを連発するだけでなく、陽気で明るい性格でチームのムードメーカー的存在となり、チームメイトがホームランを打ったときには誰よりも派手に喜び、打席で足をつっても頑なに交代を拒否する「侍魂」を見せ（これを「サムライダマシイ」と呼んだのは、もちろんマスメディアだ）、そして「君が代」の歌詞を覚えるなど日本の文化や価値観を尊重する姿勢を持っていたヌートバー。大谷と同じく、日本人にとって嫌いになる要素がなかった、と言っていい。ヌートバーは自身が所属するカージナルスで行っている「ペッパーミル・パフォーマンス」を侍ジャパンでもはやらせ、大谷をはじめ他の選手たちも続々と「胡椒を挽く仕草」をまねた。このユニークでしゃれたパフォーマンスは瞬く間にファンの間にも浸透し、日本におけるペッパーミルの売り上げアップにまで貢献した。

侍ジャパンの「主演」が大谷だとしたら、ヌートバーは最高の「助演」だった。二人がダッグアウトで楽しそうにお喋りし、お互いのプレーを称え合う姿が何度もテレビ画面に映った。

ヒットを打つたびに塁上でガリガリと胡椒を引く仕草を見せるヌートバーは、侍ジャパンにとってまさに「スパイス」のような存在だった。日本のスター選手たちを寄せ集めた侍ジャパンという豪華メインディッシュの味を、最後にグッと引き締めるスパイス。多様な「うま味」が凝縮された中に、ピリリと辛みが加わるような感じ。総じて、似たり寄ったりの環境で生まれ育った日本人選手29人にヌートバーという「異物」が混入することによって、いい意味での緊張感が生まれた。日本人同士の「あうんの呼吸」や「先輩後輩カルチャー」を理解しない人間が入ることで、それまで当たり前に共有されていた文脈や慣習が共有されなくなる。似た者同士でワイワイやるのではなく、自分とは異なる文化で育った人間ともコミュニケーションし、そして協力しなければならない。ヌートバーの存在は、侍ジャパンの選手たちに少なからずそんな意識をもたらしたはずだ。

日本球界でプレーする外国人選手は「助っ人」と呼ばれるが、ヌートバーは、いわば侍ジャパン史上初の「助っ人」だった。

日本人選手のポジションを奪ってまで出場する「助っ人」に対するファンの期待値は高く、活躍できないと容赦ないバッシングを受けるが、ヌートバーは見事に結果を出した。期待に応えたことによって、一躍、時の人になった。もしヌートバーがＷＢＣで大スランプに陥り、日本が敗退する「戦犯」にでもなっていたら、彼がどんなに『いいヤツ』だったとしても、やはり違った扱いを受けていたことだろう。

事実、今回のＷＢＣで韓国代表チームに参加した韓国系アメリカ人のトミー・エドマンは、ＭＬＢで十分な実績があるにもかかわらずＷＢＣでは結果を出せず、韓国のファンからブーイングを浴びた。

侍ジャパンの候補になる前は日本で全くの無名だったヌートバーは、ＷＢＣを経て「日本で最も有名なメジャーリーガー（日本人選手を除く）」となり、大会終了後は眼鏡ブランドのＺｏｆｆや森永製菓など多くの日本企業からスポンサー契約を打診された。そしてＭＬＢの２０２３年シーズンが開幕すると、日本のスポーツニュースでは大谷やダルビッシュら日本人メジャーリーガーたちに交じって、ヌートバーの活躍も日常的に報じられるようになった。ヌートバーはいわば「準日本人選手」になったのである。

眼鏡ブランドのZoffとスポンサー契約を結んだヌートバー（Zoff公式サイトより）

スポーツ情報サイト「スポーツナビ」には日本人選手の情報だけを集めたページがり、ヌートバーも「日本人選手」に含まれている！（スポーツナビより）

日本では「色物扱い」

日本では「外国人」であるヌートバーが日本で大いに受け入れられたという事実をメディアは美談として語りたがるが、ヌートバーの存在がこれだけ話題になったのは、それだけ彼が「異物」と見なされていたからだ。

たとえば、２０１７年の第４回ＷＢＣでアメリカ代表の先発投手として大会ＭＶＰに輝いたマーカス・ストローマンは、第５回ＷＢＣではプエルトリコ代表として出場した。ストローマンはアメリカ生まれだが、母がプエルトリコ出身だ。ヌートバーと似たような境遇にあったストローマンが、プエルトリコでヌートバーのような「色物扱い」を受けたかというと決してそんなことはない。普通にチームの一員として参加して、普通にプレーしただけだ。

もちろん、ヌートバーのケースとは多少事情が異なる。カリブ海に浮かぶ小さな島であるプエルトリコは、アメリカの自治連邦区であり、アメリカ人にとっては身近なリゾート地だ。イメージとしては日本から見た沖縄、もしくはハワイに近い。公用語はスペイン語だが、首都サンファンではほぼ英語が通じる。通貨も米ドルで、ＭＬＢが毎年行うドラフト会議ではプエルトリコ出身選手も対象になる。プエルトリコ代表チームはほぼ全員がメジャーリーガーで、WBCの前からストローマンとは「顔なじみ」の選手も多かったはずだ。

プエルトリコに限らず、アメリカや中南米諸国は混血や移民の選手が多いので、選手の国籍などはそれほど話題にならない。侍ジャパンにとってヌートバーを受け入れるのは極めて特別なことだったが、アメリカや中南米では全く当たり前のことなのだ。それどころか、どんな形でもいいから自国にルーツを持つ選手をかき集めなければWBCで戦えるチームが編成できない、という国も少なくない。イタリアやオランダ、イスラエルなどヨーロッパの野球強豪国の代表チームも、自国にツールを持つアメリカや中南米育ちの選手を中心に構成されている。

日本でヌートバーの存在がこれだけ話題になったのは、日本が単一民族国家であると信じられているからであり、それゆえに日本以外のナショナリティを有する人間の「異物感」が高まるのだ。

「郷に入れば郷に従え」ということわざがあるが、日本を訪れた外国人は、日本の文化やしきたりを尊重しなければ日本人に受け入れられない。逆に日本の文化やしきたりを尊重し、愛する外国人は異様にもてはやされる。ヌートバーが試合前に「君が代」を口ずさむ姿や、箸を上手に使って納豆を食べていたというエピソードを、日本のメディアがやたらと紹介したのはそのためだ。

日本人は「日本に興味のある外国人」や「日本を愛する外国人」が大好きだ。『Ｙｏｕは何しに日本へ?』（テレビ東京系）という知られたテレビ番組がある。これはさまざまな理由で日本を訪れた外国人を空港でインタビューし、来日の目的を聞き出し、場合によっては密着取材をするというものだ。

ヌートバーはＷＢＣ期間中、この番組に登場する外国人観光客や留学生たちと同じような体験をしたはずだ。空港に到着するやいなやインタビューを受け、その後もずっと日本のメディアが密着。ヌートバー本人だけでなく、息子を応援しにアメリカからやってきた母のクミさんも同様の扱いを受けた。もっとも本人たちは四六時中ついて回る日本のマスコミにうんざり、という様子でもなく、むしろ注目を集めることを楽しんでいる感さえあったが。

ヌートバーが侍ジャパン史上初の日系選手となり、日本人に受け入れられたことは、これまで存在していた壁がひとつ崩れたことを意味している。その一方で、ヌートバーの存在がこれだけ日本で話題になったことは、日本において「外国人」がいまだに特別な存在であること、さらに言うと「外国人アレルギー」が根強く存在している可能性を示唆している。

もし侍ジャパンが日系選手だらけになったら？

２０２３年のＷＢＣでは、ヌートバー以外の日系選手も侍ジャパンに参戦する可能性があった。具体的に名前が挙がっていた選手の一人が、２０２２年にアメリカンリーグの新人王投票で3位に入ったクリーブランド・ガーディアンズの外野手、スティーブン・クワンだ。

まだＭＬＢでのキャリアは短いが、ルーキーイヤーの２０２２年にリーグ9位の打率・298、レフトの守備でも2年連続でゴールドグラブ賞を獲得するなど実力は申し分ない。もし侍ジャパンの一員になっていたら重要な戦力と見なされていたと思える選手だが、クワンには日本代表になる資格がないとＷＢＣの事務局は判断した。クワンは日本と中国にルーツを持つアジア系アメリカ人だが、ヌートバーのように両親のどちらかが日本人というわけではなく、日本代表入りが認められるには「日本との距離」が遠かったのだ。ヌートバーと同じく侍ジャパン入りを希望していたクワンは、参加を認められなかったことに失望していたという。

クワンのほかに、母方の祖母が日本人であるクリスチャン・イエリッチの名前も挙がっていた。ミルウォーキー・ブルワーズに所属するイエリッチは、2018年にナショナルリーグMVPを獲得したメジャーを代表するスター選手だ。イエリッチの日本代表入りは単なる噂にとどまらず、栗山監督がイエリッチ本人にコンタクトを取っていたことを認めている。

もし仮にクワンとイエリッチが侍ジャパンの一員になっていたら、侍ジャパンの外野陣を日系選手が独占していた可能性もある。ヌートバー、クワン、イエリッチはいずれも外野手だ。その場合、先の大会で2番打者として大活躍した近藤健介、そして大谷とともに大会ベストナインに輝いた吉田正尚が控えに回っていたかもしれない。たとえば「1番ヌートバー、2番クワン、3番大谷、4番イエリッチ」といった具合に、メジャーリーガーがズラリと並ぶ上位打線になっていた可能性もある。やはり外野手であるシカゴ・カブスの鈴木はけがでWBC参加を辞退したが、もし仮に参加できていたとしてもベンチを温めることになっていたかもしれない。ちなみに鈴木は２０２１年の東京オリンピックで、日本代表の４番打者だった。

こう考えると「侍ジャパン」の潜在的な選手層の厚さを思い知らされるが、今後のＷＢＣで実際に侍ジャパンに加わる日系選手が２人、３人、４人……と増えていったらどうなるのだろうか？

先の大会のようにヌートバーひとりが「助っ人」として加わるぶんには日本の野球ファンも歓迎するが、たとえば先発メンバーの半数以上をＭＬＢでプレーする日系選手が占め、グラウンドやダグアウトでは日本語よりも英語が飛び交い、ＮＰＢのスター選手たちが仲良くベンチを温めるような状況になったら？　それでもなお「侍ジャパン」と呼べるのだろうか？　あるいは苦し紛れに「サムライジャパン」とでも改名するのだろうか？

ＮＰＢでは「ベンチ入りできる外国人選手は４人まで」というルールがあり、これは日本人選手の出場機会を優先的に保護するものだ。「野球の国際化」を掲げるＷＢＣではもちろんそのようなルールはないが、もし日本のファンが受容できる「臨界点」を超えたら、日本球界は自主規制をするかもしれない。たとえば「日系選手が増えすぎると『純日本人』選手が育たない」というような適当な理由をつけて「日系選手は４人まで」というようなルールを自ら設けるかもしれない。これは明らかな人種差別だが、十分にあり得る話だろう。

加藤豪将とマイコラスの場合

一般社会も野球界もグローバル化が進み、個人が持つナショナル・アイデンティティが複雑化していく過程で、ヌートバーのような選手が出てくるケースは今後も増えていくだろう。たとえば元ソフトバンク・ホークスの真砂勇介は先のＷＢＣで、中国代表チームに参加して話題となった。真砂は日本生まれ日本育ちだが、両親が中国出身だ。

日本でメディアに取り上げられるのは、何らかのかたちで「日本と関わりがある選手」だが、ヌートバーとは逆のかたちでメディアの注目を集める選手もいる。たとえばアメリカ育ちの日本人選手、加藤豪将がそうだ。

「タツジ」という日本名を持つヌートバーとは反対に「ジョン」というアメリカンネームを持つ加藤は、両親は共に日本人だがカリフォルニア州に生まれ、日本とアメリカの二重国籍を有する。3歳から5歳まで日本に暮らしたが、以降はずっとアメリカ暮らし。高校時代に強打の内野手として活躍し、２０１３年のＭＬＢドラフトでニューヨーク・ヤンキースから2巡目で指名を受けた。長らくマイナーリーグ生活を送った後、2022年にトロント・ブルージェイズでついにメジャーデビューを果たすが、わずか8試合の出場で再びマイナー降格。その年の秋、NPBの北海道日本ハムファイターズが加藤をドラフト3位で指名し、加藤は28歳の「オールドルーキー」として日本球界入りすることになった。日本のアマチュア球界での経験がまったくなく、かつアメリカでメジャーリーグまで上り詰めた日本人選手がNPB入りするのは史上初めてのケースだった。

日本のメディアは加藤が18歳でヤンキースにドラフト指名されたときから、加藤の動向を追いかけてきた。その理由はもちろん、加藤が日本人だからだ。アメリカ育ちの加藤はバイリンガルで、日本語と英語の両方でメディアのインタビューに答え、ツイッター（現X）に投稿していた。

アメリカのリトルリーグで野球を始め、アメリカの高校野球で頭角を現した加藤のプレースタイルは当然アメリカ仕込みだが、憧れの選手はイチロー。ヌートバーと加藤はいずれもアメリカで生まれ育ち、かつ日本にツールを持つ選手だが、ヌートバーは侍ジャパンの一員になって初めて日本で注目されたのに対し、加藤は18歳でドラフト指名された瞬間から日本で注目された。この扱いの違いを見ると、やはり「日系選手」と「日本人選手」

の間には大きな壁があることがわかる。

「日系選手」は結局のところアメリカ人だが、「日本人選手」は正真正銘の日本人なのだ。

また、NPBでプレーした後にMLBで活躍する外国人選手も一定の注目を集める。たとえばセントルイス・カージナルスの先発投手で、先のWBCでアメリカ代表チームのメンバーにもなったマイルズ・マイコラス。もともと日本とは縁もゆかりもないアメリカ人だったマイコラスは、2012年にテキサス・レンジャーズでデビューしたものの3年間でわずか4勝と伸び悩み、読売ジャイアンツへの移籍を決断。すると2015年に13勝、2017年に14勝を挙げるなど日本球界を代表する先発投手として活躍し、その実績を引っさげて再びMLBに挑戦。2018年、カージナルス移籍1年目にリーグ最多の18勝を挙げ、一躍メジャーを代表する先発投手になった。日本球界を経由して、メジャーで成功するという、いうなれば「ジャパニーズ・ドリーム」を叶えたのだ。ついでに元モデルのマイコラス夫人も「美人すぎる妻」として話題となり、日本で芸能界デビューを果たしている。

マイコラスのMLBでの活躍は日本でも注目を集め、日本のメディアは「マイコラスは日本の野球を通じて成長したのだ」「日本球界の経験があるからアメリカで成功したのだ」

との論調でその活躍を語った。マイコラスのように日本球界を経てアメリカで成功した選手に対して、日本のメディアはよく「アメリカでの成功は日本でのプレー経験があったからでは？」「日本球界で学んだことは？」といった質問を投げかける。質問された選手はたいてい、たとえば「日本では忍耐力を学んだよ」などと日本のファンが喜びそうなことを答える。それが本音であるケースもあるだろうが、たとえ本心では「選手として急成長した時期にたまたま日本にいただけだよ」と思っていたとしてもそう答えるだろう。ちなみに日本のメディアがマイコラスについて語るとき、必ず「元巨人」という枕詞をセットにする。

マイコラスのような成功例を見て、ＭＬＢでやや落ち目になった選手、イマイチ伸び悩んでいる選手が日本にやってくるケースも少なくない。彼らのゴールはあくまでも、日本で結果を残して再びメジャーの舞台に戻ることだ。口先では何と言おうと、ほとんどの場合、彼らにとって日本は「通過点」にすぎない。もちろん日本の球団は、たとえ自チームが「通過点」だとしても優秀な外国人選手が獲得できるならそれでいい。球団と選手、双方の利害が一致し、有象無象の外国人選手が次々と日本にやってくる。

アンドリュー・ジョーンズ（東北楽天ゴールデンイーグルス）やアダム・ジョーンズ（オ

リックス・バファローズ）といった、ＭＬＢでの実績は十分だがキャリアの終盤に差しかかった大物ベテラン選手。アメリカでは全く無名だがマイナーリーグで好成績を残している若手選手。あるいはＭＬＢでサイ・ヤング賞まで獲得したものの私生活に問題がありアメリカ球界を半ば追放されたトレバー・バウアー（横浜ＤｅＮＡベイスターズ）のような選手まで……。

「日本の息子」になった大谷

侍ジャパンに選ばれた日系アメリカ人選手（ヌートバー）、アメリカで生まれ育った日本人選手（加藤）、日本球界を経てＭＬＢで活躍する外国人選手（マイコラス）。グローバル化した今日の世界における多種多様なプロ野球選手のキャリアを見ていると、改めて大谷について考えてしまうことがある。

もし大谷が18歳のときに「高校卒業後、すぐにアメリカへ行く」という当初の意志を貫き、北海道日本ハムファイターズのドラフト１位指名を蹴って渡米し、他のアメリカ人選手や中南米の選手らと同じようにマイナーリーグで修行を積んだ後にメジャーで今のような大活躍を見せていたら、僕ら日本人は今と同じくらい大谷に熱狂できたのだろうか？

あるいは、もし大谷が加藤のようにアメリカに生まれ育ち、流暢な英語を話すバイリンガルで、もちろん日本の高校野球などは一切経験しないまま、メジャーで今のような大活躍を見せていたら？

大谷は花巻東高校の3年生だった2012年、すでに160㎞の剛速球と特大ホームランでMLBのスカウトから注目を集めており、高校卒業後はすぐに渡米してMLBでプレーしたいと明言していた。それゆえNPBの各球団はドラフトで大谷の指名を見送ると目されていたが、北海道日本ハムファイターズが大谷をドラフト1位で強行指名した。選手本人の意向がどうあれ「その年の最も優れたアマチュア選手をドラフト1位で指名する」という球団の方針を貫いたのだ。

大谷は当初、ファイターズのドラフト指名に驚き戸惑っていた。ファイターズに指名はされたが、「今すぐアメリカに行きたい気持ちは変わらない」とも述べていた。しかし、ファイターズは球団を挙げて粘り強く大谷を説得した。過去のデータをもとに、NPBを経ずに直接メジャーを目指すことは「リスク」が大きすぎること、MLBではまず認められないであろう「二刀流」へのチャレンジをファイターズは認めること、さらにはアメリ

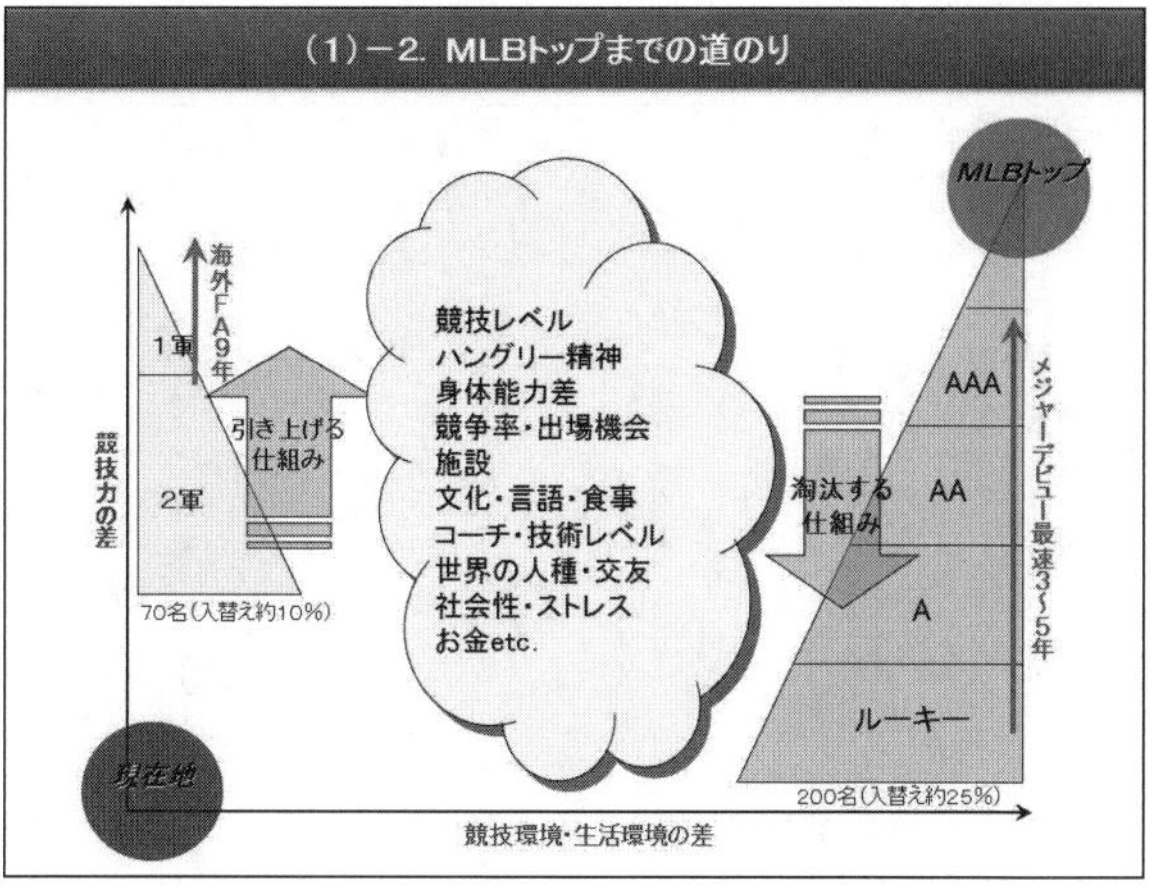

ファイターズが公開した大谷へのプレゼンテーション資料の一部。NPBが選手を「引き上げる仕組み」を持っているのに対し、MLBは選手を「淘汰する仕組み」を持っているとしている（北海道日本ハムファイターズ資料より）

カで日本人のガールフレンドをつくるのがいかに難しいか、といった話までして、高い志を持つ18歳の青年を日本にとどめることに成功した。

大谷に高校1年生のころから注目し、相思相愛の関係を築いていたロサンゼルス・ドジャースは、ファイターズの「横取り」に怒った。しかし、いずれにせよ大谷はファイターズ入りを決意。日本でプロ野球選手としてのキャリアをスタートすることになったのだ。

結果的に、NPBで5年間プレーしたことが大谷にとってはよかったのだろう。少なくとも今日までの素晴らしいキャリアを見る限り、高校卒業後すぐにアメリカへ行かず日本にとどまったことは、大谷にとって正解だったはずだ。そして大谷がNPBで5年間プレーしたことは、日本の野球ファンの心に「大谷は日本球界が育てた選手だ」という意識を植えつけた。僕らが大谷に熱狂できるのは、「大谷が日本の高校野球を経て、日本のプロ野球で活躍し、そしてメジャーに羽ばたいた」という日本人野球選手の「王道出世コース」に沿っているからだ。大谷は日本球界でスター選手としての地位を確立したうえで渡米しているから、僕らは大谷を「日本球界の誇り」として心置きなく応援できる。もし大谷に日本球界を足蹴にした過去があったり、そもそも日本球界と接点を持っていなかったりしたら、僕らはここまで大谷に熱狂できなかったかもしれない。

さて、NPBで5年間プレーしたことは大谷にとって正解だったはずと言ったが、厳密には必ずしもそうとは言えない。もし18歳で渡米していたら、今よりもすごい選手になっていた可能性がゼロとは言えないからだ。18歳からアメリカで最先端のトレーニングを積み、投打の二刀流を実現させて、今ごろはシーズン60本塁打&20勝を達成していたかもしれない。

しかし、大谷がNPBでプレーしたことは何よりも「日本のファンとの心理的距離を縮めた」という点で重要だったのだ。地方都市である岩手出身の大谷が日本プロ野球界のスター選手となり、そしてアメリカに羽ばたいたという展開は、多くの日本人にとって感情移入しやすいストーリーであるはずだ。岩手の人々にとって大谷は長らく「おらが村の英雄」だろうが、今や日本人全員が大谷を「おらが村の英雄」と見なしている。

日本の「村社会」には固有のルールがあり、そのルールを守らない者は「村八分」にされるが、大谷は「日本での活躍が認められてからアメリカに行く」というステップを踏んだことで、この国における「村人」の掟を守った。

恩を仇で返すようなことはせず、自分を育ててくれたムラに考え得る限りの恩返しをしている。ＭＬＢ通として知られるタレントの石橋貴明は大谷を「日本の息子」と表現していたが、言い当て妙だ。日本人にとって大谷は、そのあり余る才能をもって故郷を旅立ち、いつの間にか立派になっていた孝行息子なのである。

日本球界をスルーした田澤純一とできなかった菊池雄星

大谷が渡米の意思を覆してファイターズに入団する4年前の2008年秋、大谷と同じように「日本プロ野球ではなくメジャーに行く」という意思を表明をし、そして貫いた選手がいた。当時、社会人野球の新日本石油ＥＮＥＯＳで活躍していた田澤純一だ。

アマチュア球界屈指の好投手だった田澤は、その年のＮＰＢドラフト1位指名候補だったが、ドラフト前にＭＬＢ入りの意向を表明し、ＮＰＢ12球団に自身のドラフト指名を見送るよう求める文書を提出した。この「高飛車」な態度は日本球界の怒りを買った。「こっちがドラフトで指名してやろうと言うのに何さまだ！」というわけである。気分を害したＮＰＢの幹部たちは、田澤のように国内球団のドラフト指名を拒否して海外の球団と契約した選手は、海外の球団を退団後も数年間は国内球団と契約できないという新しい規則、通称「田澤ルール」を設けた。田澤のような選手に対して「もし俺たち（ＮＰＢ）を足蹴にするなら、いつか俺たちの仲間になりたいと思っても俺たちは受け入れないからな」というわけである。まるで小学生のイジメだが、これが日本球界の現実だった。

田澤はそんなＮＰＢを相手にせず、ＭＬＢの名門ボストン・レッドソックスと契約を結び1年目からメジャーに昇格、数年後にはリリーフ投手の柱としてレッドソックスのワールドシリーズ制覇に貢献した。他の日本人メジャーリーガーたちに負けず劣らずの活躍だったが、日本のメディアにおける扱いは他の選手たちよりも小さかった。リリーフ投手という目立ちにくい役割を担っていたこともあるが、ＮＰＢを経ていなかったために日本のファンとの心理的距離が遠かったこと、日本のファンとの「絆」が十分に築かれていなかったことも要因だろう。

「日本人メジャーリーガーのパイオニア」野茂英雄も渡米の際に日本球界の怒りを買ったが、野茂はすでにＮＰＢのスター選手だったため、ＭＬＢ移籍後も日本のメディアに注目され続けた。田澤はそもそもＮＰＢでのプレー経験がなかったため、日本の野球ファンにはなじみのない存在のままメジャーリーガーとして活躍した。

田澤がレッドソックス入りした翌２００９年秋、花巻東高校で大谷の３年先輩にあたる菊池雄星も「高卒即メジャー」を検討していることが報じられ、賛否両論が巻き起こった。18歳にして１５５㎞の速球を左腕から投げ込む菊池は、ＮＰＢの12球団にくわえて、ＭＬＢの８球団と面談したが、悩んだ末に日本球界入りを決断。その意向を伝える記者会見で菊池は「まだまだ自分のレベルでは世界で通用しないと思った。日本の方全員に認められてから、世界でプレーしたいと思いました」と涙を流しながら語った。

日本球界入りを決めたことについて菊池は、後悔は「まったくない」と言い切ったが、では彼はなぜ涙を流したのか？　その真相は不明だが、菊池の獲得に乗り出していたＭＬＢ球団のひとつ、ニューヨーク・メッツで環太平洋担当部長を務めていた大慈弥功のコメントが印象的だ。

「なぜ周りの大人が能力も志も持った子を（メジャー行きへ）後押しできなかったのか。（最後の涙は）自分の夢がかなえられなかったこと、そしてわれわれに申し訳ない気持ちからでしょう」（日刊スポーツ　２００９年10月25日）

菊池にとってＭＬＢは、小学生のころから憧れの舞台であり、高校入学時には具体的な「目標」になっていた。その「目標」に到達するチャンスをいよいよ目の前にしたとき、菊池はそのチャンスを自ら手放したのだ。その過程ではおそらく、大谷がファイターズ入りを決めたときと同様に、いきなり渡米することの「リスク」を強調する大人たちが菊池の周囲にいたのだろう。また、菊池に「まだまだ自分のレベルでは世界で通用しない」「日本の方全員に認められてから、世界でプレーしたい」と思わせるような言葉を投げかけた大人がいたのだろう。

「まだまだ自分のレベルでは世界で通用しない」と18歳の菊池は言ったが、１５５㎞を投げる左腕というのは現在のＭＬＢでもそうそういない。アメリカや中南米にいる同世代の選手たちと比べても、その将来性はズバ抜けていたはずだ。そもそも「まだまだ自分のレベルでは世界で通用しない」かどうかは、実際にその舞台に立ってみないとわからない。もちろん「日本の方全員に認められてから」じゃないとアメリカに行ってはならない、などというルールもない。たとえ日本で誰ひとり認めなくても、MLB球団が認めるならアメリカで挑戦する権利はあるのだ。

実際、日本球界のひんしゅくを買いながらレッドソックス入りした田澤や、日本球界を任意引退して「非国民」などと言われながらドジャース入りした野茂英雄は「日本の方全員に認められてから」なんて状況では全くなかったが、それでも自分の意思を貫いて渡米した。しかし、それはすでに社会人だった田澤や日本球界のスターだった野茂だからできたことであって、18歳の高校生に同じことを求めるのは酷だろう。どれだけ才能があっても未成年だった菊池が、「高卒即メジャー」に反対する世論や周囲の大人たちの忠告を押し切ってまで渡米するのは容易でなかったはずだ。

NPB入りを決断したことについての後悔は「まったくない」と菊池が言い切ったのは、そう口にしないと後悔の念に押しつぶされそうだったからかもしれない。MLBへの未練を断ち切るために、あえて強い言葉を発したのだろう。

菊池はその後、埼玉西武ライオンズで9年間プレーした後の2019年に念願のメジャーリーガーとなったが、その時にはすでに「若手」とは言えない27歳になっていた。2021年には大谷とともにオールスターゲームに選ばれるなど才能の片鱗は見せているが、2023年までのメジャー5年間における通算成績は32勝37敗、防御率4・71。18歳のころに見せていたポテンシャルの高さを考えると、この成績では「物足りない」と言わざるを得ないのが正直なところだ。

サラリーマン的な日本球界

田澤や菊池、そして大谷は日本でドラフト1位指名されることが確実な超有望選手だったが、一方でアマチュア時代には無名だった選手がMLBまで上り詰めたケースもある。2023年からニューヨーク・メッツでプレーしている千賀滉大がその代表格だ。

メジャー1年目でオールスターに選出、新人王投票2位、サイ・ヤング賞投票7位など素晴らしい成績を残した千賀は、高校卒業前の2010年に「育成選手」として福岡ソフトバンク・ホークスから4巡目指名を受けた。当時の背番号は「128」。プロ入り後に頭角を現した千賀は２０１２年に支配下選手登録され、やがて日本球界を代表する先発投手になった。

千賀は２０１７年の第4回ＷＢＣで、アメリカ代表の強打者を相手に奪三振ショーを繰り広げるなど活躍した。そのころから、ポスティング制度を利用してＭＬＢに移籍したい意思を所属球団であるホークスに伝えていたが、ホークスは一向に承諾しなかった。千賀は結局、２０２２年に海外ＦＡ権を取得し、ようやくＭＬＢに移籍した。メジャーリーガーとして最初のマウンドを踏んだとき、千賀は30歳になっていた。

千賀は、ホークスの対応に不満を覚えていた。２０２３年1月、千賀がツイッター（現・Ｘ）に投稿した内容が波紋を広げた。

「ポスティングを5、6年前からお願いしていてそれを断られるところまでは普通に理解はしていたんですが、そこからのなぜダメなのかという話までになった途端、時間が合わない、忙しい理由で最終的なミーティングすら行ってもらえず、それを言われた瞬間に何かが切れるものがあったのは事実です。だから今の僕は今だになぜポスティングがダメなのか本当の話すら理解してないです。後輩でアメリカに行きたい気持ちを持っている選手がいるからこそ僕が発言してどうにかその話にまで持って行ってもらいたいと思い外に向けて発言しました。ちなみにポスティングの話は方針や球団の考えとしては話はもちろん聞きましたが掘り下げて聞けば聞くほど何も出てこない感じで会話じゃなかったです」（原文ママ）

メッツと契約し、ホークスの所属選手ではなくなったタイミングでの古巣批判だった。この投稿はすでに削除されているが、アメリカに行きたくてもなかなか行けなかった千賀の本音が伝わってくる。

千賀のような超一流選手を球団が手放したくないのは当然で、ポスティング利用を容易に認めようとしないのは、ビジネスとして当然の選択とも言える。問題なのは、千賀がツイッターに書いた通り、球団と選手の間で対等な話し合いというものが満足に行われず、球団側が「選手は球団の方針や意向に従っていれば良い」というスタンスだったことだろう。「時間が合わない、忙しい理由で最終的なミーティングすら行ってもらえず」「掘り下げて聞けば聞くほど何も出てこない感じで会話じゃなかった」という千賀の言葉からは、端的に「球団は選手をナメている」という印象すら受ける。もちろん、球団側の言い分もあるだろうし、千賀の言葉を全て鵜呑みにすることはできないが。

プロ野球選手というのは本来、特殊技能を有した個人事業主であり、球団と対等な関係を結んでその技能を提供する職業だ。しかし「大企業の広告」として発展した日本のプロ野球においては、選手と球団の関係はより「会社的」、つまり選手が「社員」で球団が「会社」のようになる。そこでの監督は「中間管理職」として、会社の命を受けて選手たちを管理する存在だ。ＮＰＢは結果が全てのシビアな実力社会でありながら、同時にサラリーマン的な世界でもある。だからこそ世のサラリーマンたちはプロ野球に夢中になってきたのだろう。

日本の労働市場では今も「転職」にはそれなりの勇気と覚悟が必要であるように、ＮＰＢではたとえ国内のチームでも「移籍」するには勇気がいる。場合によっては千賀のように、自分の雇用主である球団と対立する覚悟がいる。アメリカではもっとシンプルに、選手たちはエージェント（契約代理人）の力を借りて自分の価値を市場に提示し、最も好条件でオファーをくれた球団と契約するだけだ。選手と球団の関係は極めてビジネスライクであり、ＮＰＢとＭＬＢで選手の流動性が違う理由はここにある。

「亡命」同然だった日本人選手のMLB移籍

日本から見て地球のほぼ裏側に位置していながら、日本とよく似た不思議な国がある。それはカリブ海の野球大国、キューバだ。

社会主義国キューバにおいて野球選手は「公務員」であり、アメリカなど他国でプロ野球選手として活動することは原則認められていない（NPBへの移籍は条件付きで認められている）。そのため、キューバの優れた野球選手はMLBでプレーするために次々と「亡命」する。キューバの国内リーグではどんなスター選手でも「月給4000円」などといわれ、MLBの年俸水準とは雲泥の差だ。だから多くの選手がアメリカでのプレーを夢見て、命の危険を冒して亡命する。

こんなキューバの野球事情は、僕ら日本人にとって「どこか遠い国の話」に聞こえるかもしれない。しかし、日本人選手のMLB移籍もかつては「亡命」同然だった。

たとえば野茂は前述のように、法の抜け穴を突く「任意引退」というグレーなかたちで渡米し、日本球界やメディアから「売国奴」「非国民」扱いされた。読売ジャイアンツのスター選手だった松井秀喜はFA権を取得して正式にMLB移籍したにもかかわらず、移籍発表の記者会見で「謝罪」した。当時、日本球界を背負って立つ存在だった松井は「今は何を言っても裏切り者と言われるかもしれないが……」と、まるでMLB移籍が大罪であるかのような口調だった。ジャイアンツの土井誠球団代表（当時）も「日本球界の大砲をメジャーリーグに流出させたことをファンの皆さまに深くお詫びします」と、アメリカではまず考えられないような謝罪の言葉を口にした。

松井は「MLBでプレーする」という個人的な夢を実現するために「日本球界の顔」という責任を放棄することに、よほど後ろめたさを感じていたのだろう。個人よりも組織を優先すべきという日本社会のしきたりを、肌で感じていたのだろうか。個人主義のアメリカでは「選手本人が行きたいと思うチームに行く」のは当たり前のことだが、日本では「所属球団への忠誠」がまず問われる。スター選手のMLB移籍が当たり前になった今日ではさすがに、移籍はもう少しカジュアルでビジネスライクなものになったが、それでも所属球団に「仁義を切る」必要を感じている選手は多いだろう。

キューバも日本も四方を海に囲まれた島国であり、その地理的特性ゆえか外の世界に対して閉鎖的なところがある。両国は「閉ざされた野球大国」という点で似ているのだ。

2006年の記念すべき第1回WBCで、決勝の舞台に立ったのは日本とキューバだったが、この両チームにメジャーリーガーは合計2人しかいなかった。イチローと、当時テキサス・レンジャーズでプレーしていた大塚晶文だ。もちろんアメリカと国交のないキューバ代表チームにメジャーリーガーはゼロ。MLBは当初、この決勝が「一流メジャーリーガーたちによる夢の競演」になることを想像していたはずが、実際には「アメリカ人がほとんど知らない野球選手たちの試合」になった。全米に知られた著名な選手はイチローただ一人だった。

2023年の第5回WBCでも、7戦無敗で優勝を果たした日本代表には、メジャーリーガーが4人、準決勝まで駒を進めたキューバ代表にもメジャーリーガーは2人しかいなかった。近年、代表チームの弱体化に悩まされていたキューバは、この大会から「かつて自国から亡命したメジャーリーガー」の参加を認めるようになったが、参加したのはいずれもシカゴ・ホワイトソックスに所属するルイス・ロバート、ヨルダン・モンカダの2人だけ。チームは主にキューバ国内や日本でプレーする選手たちにより構成されていた。

「内向き」な日本球界

もちろん日本政府が、キューバのように自国の選手がＭＬＢへ移籍することを禁じているわけではない。それにもかかわらず「史上最強の侍ジャパン」を構成する30人のうち、メジャーリーガーが僅か４人しかいなかったのはなぜなのか？　ほか26人の選手たちの多くはＭＬＢでも活躍できるポテンシャルを持つ選手たちだが、なぜ彼らは（ＭＬＢよりもはるかに年俸水準が低い）ＮＰＢでプレーしているのか？

その理由はやはり、日本球界が幾重にも閉ざされているからだ。

日本の野球選手は一度ＮＰＢに所属すると、当面はそこから抜け出せなくなる。海外の球団と自由に交渉できる「海外ＦＡ権」を取得するには、一軍で最低９年間プレーしなければならない。18歳でプロ入りし、１年目から一軍で活躍したとしても海外ＦＡ権を取得できるのは27歳のシーズンになる。プロ野球選手として決して「若い」とはいえない年齢だ。

もっと早くメジャーに行きたい選手のためポスティング制度があるものの、これは先述の通り所属球団の承諾を得なければ利用することができない。千賀のように、ポスティング制度を利用して「少しでも早く」メジャーに移籍したいと訴えても所属球団に認めてもらえず、結局は海外FA権を取得するまで待たなければいけないケースもある。将来的なメジャー移籍を見据えて日本でプレーしているうちにけがをしてしまったり、キャリアのピークを過ぎてしまったりしてメジャー挑戦を諦める選手もいる。

また、日本には千賀のように「MLBに行きたいけど行けない」選手だけでなく、そもそもアメリカで挑戦するより慣れ親しんだ日本球界でプレーし続けることを望む選手も少なくないだろう。日本の若者が「内向き」になったといわれて久しいが、プロ野球選手にも海外に興味がない若者はいるはずだ。今やMLBの大ベテランであるダルビッシュ有でさえ、20代前半のころは「メジャーに行くくらいなら野球をやめる」と豪語していた。それだけ日本野球に誇りと愛着があるとしたら素晴らしいことだが、単に「リスクを取るのが怖い」とか「日本がいちばんラクチン」といった理由で日本球界にとどまる選手もいるだろう。別にアメリカへ行かなくても、日本のプロ野球で活躍すれば十分なカネが稼げるのだ。

たとえばドミニカ共和国やメキシコ、ベネズエラといった中南米の若い選手たちが、最終的なゴールとしてアメリカを目指さない、ということはあり得ない。彼らの国には、一生食うに困らないような収入を得られるプロ野球リーグなど存在せず、自分と家族の生活のためにはＭＬＢを目指す以外に選択肢はないからだ。あるいは、ＭＬＢほどではないがそれなりのカネを稼げる日本や韓国のプロ野球リーグを目指す。彼らにとって野球はサバイバルの手段であり、まずはカネのためにプレーするのだ。

日本の優れた野球選手の多くが日本にとどまっているのは、一度日本でプロ野球選手になると海外に出るのが難しいという制度的、環境的な理由に加えて、そもそも海外に出る必要性を感じない選手が多いからだろう。日本でも充分に食っていけるから、わざわざ外国に行こうとは思わない。その結果として日本球界は、野球強豪国としては異様にメジャーリーガーが少ないが、それでもＷＢＣで優勝できるようなチームを編成できるようになった。自国リーグ選手中心の布陣で、国際大会で好成績を残せるアメリカ以外のチームは日本とキューバ、そして韓国くらいだ。

キューバは社会主義国家であるがゆえに野球事情も特殊だが、かつて崩壊直前のソ連で最後の最高指導者を務めたミハイル・ゴルバチョフは日本を「最も成功した社会主義国家」と称した。少なくとも世界最大の社会主義国家を目指していた国の最高指導者の目に、日本という国はそう映っていたのである！　と考えると、地理的に遠く離れ文化的にも全く違う国であるキューバと日本の野球界が不思議と似ているのも頷ける。アメリカにとってキューバは「近くて遠い国」だが、日本にとってキューバは「遠くて近い国」なのだ。

「飛び級」を許さない国

日本球界を経ずにメジャー入りしてバッシングされた田澤、「高卒即メジャー」を目指したものの結局は日本球界入りした菊池と大谷、メジャー移籍まで何年も待たなければならなかった千賀、そしてメジャー移籍に際して「謝罪」した松井……こうした事例から言えることがいくつかある。

ひとつは、日本でドラフト1位指名が確実視されるような有望選手が日本球界をすっ飛ばしてアメリカへ行ってしまうことに対して、日本球界は相当な危機感を抱いているということだ。それは単に「優れた才能が海外に流出してしまう」ことにより日本プロ野球が興行的な損失を被るというだけの話でなく、日本球界の「メンツ」や「プライド」に関わる問題としてあるのだろう。日本の野球少年なら誰もが日本でプロ野球選手となることに憧れるはずだ、という長年の前提（あるいは日本球界の思い込み）が崩れたのだ。突出した才能を持つアマチュア選手にとってNPBはもはや「憧れの対象」ではなく、場合によっては「ＭＬＢへ行くための踏み台」としか見なされていないのではないか？　田澤や菊池、大谷の進路を巡る騒動を経て、日本球界関係者はそんな不安にさいなまれたことだろう。「田澤ルール」を急遽こしらえたことに象徴される、場当たり的でヒステリックな対応を見ていると、そう思わざるを得ない。

また、優れた才能のある選手がいつかはメジャーへ行くとしても、「それはまず日本球界で成功を収めてからの話だ」という価値観も根強い。菊池が「日本の方全員に認められてから」メジャーへ行きたいと言ったのはきっと、そうした圧力を肌で感じていたからだろう。この国では、たとえ突出した才能があっても「飛び級」は許されず、どんな天才でもみんなと足並みを揃えてステップ・バイ・ステップで進むことがよしとされる。それが「日本村」のルールであり、このルールを破る者は田澤のように「村八分」にされる。日本では、自らの才能で世界に羽ばたこうとする若者の足を大人たちが全力で引っ張っている、という悲しい現実がある。

繰り返しになるが、日本で認められてからじゃないとメジャーに行っちゃいけない、なんてルールは存在しない。そもそも、何をもって「日本で認められた」と言えるのだろうか？　たとえば「個人タイトルを３つ以上獲得」といった明確な基準があるわけではない。

ある選手が「日本で認められた」かどうかは結局のところ「何となくの空気」によって決まるのだ。

日本で成功できないヤツが海外で成功できるわけがない、という考え（単なる思い込み）は野球を含むスポーツ界に限らず、この閉鎖的な島国に広く浸透している。しかし、それが真理でないことはとっくに証明されている。野球界でいうと、たとえば横浜ベイスターズでプレーし、4年間でわずか1勝しかできなかった大家友和はアメリカでマイナーリーグからはい上がり、ＭＬＢで通算51勝を挙げた。反対に井川慶や中村紀洋、西岡剛ら、日本ではスターだったがメジャーではまるでダメだった選手もたくさんいる。メジャーで成功するにはアメリカ野球との相性や環境変化への適応力、キャリアにおけるステージなどいろんな要因が絡み合う。日本で成功しなくてもアメリカで成功する可能性はあるし、日本で成功したからといってアメリカで成功する保証はないのだ。

さて、こうした背景から日本の優れたアマチュア選手が直接メジャーを目指すケースはほとんどないが、お隣の韓国は、自国のプロ野球を経ずにメジャー挑戦する若い選手を輩出している。

次章では、日本にとって「近くて遠い国」韓国の野球事情を見ていこう。

第7章

韓国人メジャーリーガーとK-POP
逞しきグローバルマインド

オールスターゲームでの日韓戦

2001年7月10日、シアトル。

この年、メジャーリーグ（MLB）史上最多のシーズン116勝を挙げることになるシアトル・マリナーズの本拠地セーフコ・フィールドで行われた第72回オールスターゲーム。3回裏一死、ランナーなしの場面でイチローにこの日2度目の打席が回ってきた。日本で7年連続首位打者の実績を引っさげて、この年からメジャーリーガーとなったイチローは地元シアトルのファンから大歓声を浴びた。

マウンドには先発ランディ・ジョンソンの後を受けたナショナル・リーグの2番手投手、朴賛浩（パク・チャンホ）。ロサンゼルス・ドジャースで8年目のシーズンを迎えていた韓国出身の右腕は、イチローをセカンドゴロに打ち取った。MLBのオールスターゲームで、アジア出身の選手が初めて対戦した瞬間だった。

当時14歳だった僕は、この瞬間を同年代の韓国人約20人と一緒に見ていた。

僕はこのころ、父の転勤に伴いアメリカのイリノイ州で暮らしていた。シカゴ郊外のディアフィールドという町にあるLake Forest Academyという語学学校でサマースクールに通っていた僕は、学校名にあるように敷地内に森と湖がある広大なキャンパス内の学生寮で約１か月半、ほかの生徒たちと一緒に共同生活を送った。生徒は13～18歳くらいの男子と女子が合わせて40人ほど。うち約７割が韓国人だった。日本人は僕を含めて５人、中国人が１人、そのほかにブラジルやエクアドルなど南米出身の生徒もいた。

寮内では原則、英語でコミュニケーションすることがルールだったが、実際には韓国語を耳にする時間のほうが長かった。韓国人の生徒たちがいつも、韓国語でおしゃべりしていたからだ。まだ「K－POP」という言葉が一般的ではない時代だったが、当時の僕は毎日のように韓国のポップミュージックを聴いていた。韓国人の生徒たちが大声で歌ったり、部屋のスピー

筆者が通っていたLake Forest Academyのキャンパス（同校のホームページより）

カーから爆音で流れてくる曲が嫌でも耳に入ってきたのだ。

寮には共有スペースとしてラウンジがあって、放課後の「溜まり場」になっていた。そのラウンジに設置された巨大スクリーンでMLBのオールスターゲームを見よう、という話になったのは、史上初の韓国人メジャーリーガーである朴が出場予定だったからだ。韓国人の生徒たちは国民的英雄である朴の勇姿を皆で見届けようとラウンジに集まった。僕を含めた日本人も数人、そしてアメリカ人の先生たちもやってきて、小さなパブリック・ビューイング会場になった。

このオールスターゲームで、アメリカの野球ファンから最も注目を集めていたのはイチローだった。MLB初の日本人野手として開幕から走攻守にわたる大活躍を見せていたイチローは、オールスター出場選手を決めるファン投票でぶっちぎり1位の票数を獲得。オールスターゲームではアメリカンリーグの1番打者として出場した。

イチローは最初の打席で長身左腕のランディ・ジョンソンから内野安打を放つと、すかさず盗塁を決めた。いかにもイチローというプレーで観客を沸かせた。ジョンソンは2イニングを投げて降板し、2番手としてマウンドに上がったのが朴だった。

朴の姿に、ソファに詰めた韓国人生徒たちから大歓声が上がった。男子も女子も関係なく、みんなが大興奮した。

しかし、そのテンションは長く続かなかった。朴は先頭打者のカル・リプケン・Jrに先制ホームランを打たれてしまったのだ。静まり返るラウンジ。朴が次の打者を打ち取り、打席にはイチローが入った。朴がイチローをセカンドゴロに打ち取ると、ラウンジは再び歓喜に包まれた。

「朴がイチローを打ち取ったぞ！」

韓国人の生徒たちは、イチローに対して特別な意識があるように感じられた。同じアジア人としてリスペクトすると同時に、絶対に負けたくないという思いが共存しているかのような。

MLBオールスターゲームを舞台としたイチローと朴の対戦は、今、振り返ると、その後の国際大会で何度も見られた「日韓戦」の序章だった。

「兵役免除」を懸けて戦う韓国代表

野球における日韓戦の熱狂がピークに達したのは、おそらく2000年代後半だろう。

2006年の第1回WBC、2008年の北京オリンピック、そして2009年の第2回WBC……国際大会で両国は何度も死闘を繰り広げ、その度にお互いの愛国心とプライドが激突する〝国民的なイベント〟となった。

WBCを「春季キャンプの延長」程度にしか捉えていなかったアメリカや中南米諸国に対し、日本と韓国はこの大会に並々ならぬ意欲を見せた。日本の選手たちは日本野球に対するプライド、そして「国を背負っている」という（アメリカなどから見たらずいぶんと大げさな）責任のために戦ったが、韓国の選手たちにはもうひとつ戦う理由があった。それは「兵役免除」の権利だ。

2008年の北京オリンピックで金メダルを獲得した韓国代表チームの選手たちは、その功績を称えられて兵役を免除された。韓国では成年男子全員に兵役の義務があり、原則的に例外は認められない。プロ野球選手もBTSメンバーも、30歳になる前に兵役の義務を果たさなければならない。ただしオリンピックでの金メダル獲得など顕著な功績を残すことで、特別に免除されるケースがある。

北京オリンピックで金メダルに輝き、兵役を免除された韓国代表チームのメンバーには、後にMLBでプレーすることになる柳賢振（リュ・ヒョンジン）や金廣鉉（キム・グァンヒョン）もいた。プロアスリートにとって、貴重な20代のうち約1年半を兵役に取られるのは大きな損失だ。何としてでも勝ちたい、と思うのは当然だろう。

第1回WBCでも、優勝こそ果たせなかったが2次ラウンドまで6勝無敗の快進撃を見せた韓国代表チームについて、韓国国内では「活躍した選手たちの兵役を免除すべき」という声が相次いだ。それを受けて韓国政府は、特例として主力選手11人の兵役を免除した。一方で、そうした措置に対して「兵役恩恵の濫発ではないか」という批判の声も上がり、現在ではWBC出場選手の兵役免除は認められていない。

もっとも2009年の第2回大会で準優勝して以降、韓国はWBCで2次ラウンドに進出すらできておらず、兵役免除を検討されるような成績を残せていない。あるいはもしかすると、兵役免除というインセンティブがないことで近年における韓国代表の弱体化、選手たちのモチベーション低下につながっている可能性もあるのだろうか？

マイナーリーグ経由の「叩き上げ」が多い韓国人メジャーリーガー

韓国のプロ野球リーグであるKBOのレベルは、NPBほど高くないというのが一般的な見解だ。とはいえ、韓国球界もこれまで優れたメジャーリーガーを輩出してきた。

韓国人メジャーリーガーの歴史は、日本人メジャーリーガーのそれと大きく異なる点がある。それは、韓国人メジャーリーガーには「叩き上げ」の選手が多いことだ。日本のスター選手のように最初から好待遇のメジャー契約を勝ち取るのではなく、マイナーリーグからはい上がってきた選手が多い。その背景には、韓国人選手の多くが自国のプロ野球リーグを経ず、アマチュアから直接メジャーを目指してきたことがある。

史上初の韓国人メジャーリーガーは、本章の冒頭で挙げた朴賛浩だ。朴がドジャースからデビューしたのは1994年。「日本人メジャーリーガーのパイオニア」である野茂英雄がドジャースに入団したのが1995年だから、朴のデビューは野茂より1年早かった。もっとも朴は野茂と違って、最初からスター選手だったわけではなかった。

日本での圧倒的な実績を引っさげてメジャー1年目から大活躍した野茂とは対照的に、朴は韓国プロ野球を経ていない。大学2年生のときにドジャースと契約し、大学を中退して渡米した。1年目からメジャーで登板機会を得たものの、最初の2シーズンはわずか4試合にリリーフ登板したのみで、ほとんどマイナー暮らしだった。野茂がナショナルリーグの新人王に輝いた1995年、朴はドジャース傘下の3A球団アルバカーキ・アイソトープスの先発投手として投げ続けていた。

朴は3年目の1996年、ついにメジャーに定着して48試合に登板すると、翌年から先発投手として5年連続二桁勝利。1997年は朴と野茂がいずれも14勝を挙げ、揃ってチームの勝ち頭となった。1998年は不振に陥った野茂がシーズン途中にトレードで放出された一方、朴はドジャースのエース格として15勝を挙げた。その年、朴はタイのバンコクで行われたアジア大会に韓国代表として出場し、決勝の日本戦で完投勝利。金メダルを獲得して兵役を免除された。

渡米後しばらくマイナーリーグで修行を積んだ朴は、アメリカ人や中南米出身の若手選手たちとともに厳しい環境を耐え抜いてきた。もちろん専属通訳なんていなかったし、マイナー暮らしの代名詞とも言える長時間のバス移動やハンバーガーだらけの食事も経験しただろう。NPBで十分な実績を残してから好条件のメジャー契約を勝ち取ることが多い日本人選手は、朴のようにマイナーリーグで下積みを経験する選手は少ない。しかし、韓国人選手には朴のような苦労人が少なくない。

2005年から2020年までメジャーでプレーし、現時点では松井秀喜や大谷を超えるアジア人最多の通算218本塁打を記録している秋信守（チュ・シンス）もマイナーリーグからはい上がった選手だ。韓国の高校球界で活躍した秋は、ＫＢＯのロッテ・ジャイアンツからドラフト１位指名を受けるも入団を拒否。マリナーズとのマイナー契約を結んだ。ドジャースで活躍する朴を見てメジャーに憧れた秋は、18歳で単身アメリカに渡り、世界各国の若手選手たちとしのぎを削った。マイナーリーガーとしての貧乏暮らしに疲れ果てたり、ホームシックで涙を流したりしたこともあるという。それでも才能を開花させた秋は、２００５年に22歳でメジャーデビューを果たすと、数年後にはメジャー屈指の外野手に成長。イチローや松井を差し置いて「アジア人最強打者」といわれ、２０１３年にはテキサス・レンジャーズと７年総額１億３０００万ドル（当時のレートで約１３５億円）という大型契約を結んだ。

ちなみに秋も兵役免除の権利を獲得している。２０１０年の広州アジア競技大会に韓国代表として出場。５試合で３本塁打を放つなど金メダル獲得に大きく貢献した活躍が認められたものだ。もしこの大会で金メダルを獲得していなかったら、秋は30歳を手前に兵役義務を果たしていたはずだ。その場合、秋がＭＬＢで歩んだ輝かしいキャリアはなかったかもしれない。

２０１２年までにＭＬＢでプレーした韓国人選手は12人いたが、このうち10人は朴や秋のようにＫＢＯを経ずしてアマチュアから直接渡米した選手だった。例外の２人は李尚勳（イ・サンフン、ＮＰＢでの登録名はサムソン・リー）と具臺晟（ク・デソン）で、いずれもＫＢＯからＮＰＢ、そしてＭＬＢへとステップアップしていくキャリアを歩んだ。

近年は日本人メジャーリーガーと同じように、ＫＢＯから直接ＭＬＢへ移籍する選手が増えているが、今でもアマチュアからＭＬＢを目指す若い韓国人選手はいる。

２０２１年にニューヨーク・ヤンキースからデビューした１９９６年生まれの朴孝俊（パク・ヒョジュン）、２０２２年にピッツバーグ・パイレーツからデビューした１９９９年生まれの裵智桓（ペ・ジファン）は、いずれも韓国の高校卒業後に渡米してメジャーまで上りつめた。２０２３年にはドジャースが、２００４年生まれの張賢淑（チャン・ヒョンソク）とマイナー契約を結んだ。最速１５８㎞を投げる19歳の張はＫＢＯのドラフト１位候補だったが、韓国でプロ野球選手になるよりもアメリカ球界に挑戦することを選んだ。

韓国のアマチュア選手が即メジャーを目指すワケ

韓国人選手のＭＬＢ挑戦は、自国のプロ野球リーグであるＫＢＯを経ずにアマチュアから「即メジャー」を目指すケースが多いという点で、日本人選手のＭＬＢ挑戦とは明らかに異なる。日本人メジャーリーガーの大多数は、ＮＰＢで成功を収めた後にメジャー移籍している。

たとえば、共に花巻東高校出身の現役メジャーリーガーである菊池雄星と大谷翔平はそれぞれ、高校を卒業する前に「高卒即メジャー」の意向を公にして波紋を広げた。最終的には悩んだ末にＮＰＢ入りを決めたが、もし韓国だったら二人とも「高卒即メジャー」を決断していたかもしれない。朴や秋のような成功事例があることに加えて、ＫＢＯとＭＬＢの格差があまりに大きいからだ。

ＫＢＯとＭＬＢは、まず年俸水準が大きく違う。ＫＢＯが２０２３年３月に発表したところによると、新人と外国人選手を除いたＫＢＯ選手の平均年俸は１億４６４８万ウォン（約１４５０万円）。ＭＬＢの平均年俸はその約40倍となる４２２万ドル（約５億７５００万円）だ。この年俸格差を見れば、韓国の若い有望選手が「最初からアメリカで挑戦しよう」と考えるのも納得できる。たとえＫＢＯで成功しても、稼げるカネはたかが知れているのだ。

また、ＫＢＯはプレーする選手のレベルも全体的にＭＬＢより低いので、将来的にメジャーを目指す志の高い選手にとっては物足りない環境かもしれない。アスリートにとってはレベルの高いリーグ、プレーの水準が高い環境で実戦経験を積むことが、選手としての成長に直結する。最初からアメリカでプレーすれば、英語の習得やアメリカ生活への適応も早い。だったらアメリカで……と考える選手が多くいるのは自然なことだ。

ＮＰＢとＭＬＢの経済格差も大きいが（ＭＬＢの平均年俸は現在、ＮＰＢの約13倍）、それでもＮＰＢの平均年俸４４６８万円（２０２３年開幕時点）はＫＢＯの3倍以上であり、韓国球界から見れば十分な高給が稼げる。そして、２０２３年のＷＢＣで侍ジャパンが見せた圧倒的な強さが示すように、ＮＰＢはプレーの水準も極めて高い。アメリカのメディアはＮＰＢについて「世界で2番目にハイレベルなプロ野球リーグ」「（マイナーリーグの最高峰である）３Ａとメジャーリーグの中間くらいのレベル」などと紹介する。ＮＰＢでも充分な高給が稼げ、かつＭＬＢに肉薄するほどプレーのレベルも高いのであれば、日本の若い選手が「とりあえずはＮＰＢで」という選択肢を取ることも充分に納得できる。

北海道日本ハムファイターズは大谷の「高卒即メジャー」を阻止するため、アマチュアから直接渡米することの「リスク」を指摘し、大谷は結局、日本にとどまった。しかし繰り返しになるが、これがもし韓国だったら「リスクを取ってでもアメリカで挑戦しよう」

となったかもしれない。韓国では、渡米の「リスク」を恐れて母国に残ったところで、そこで得られるものはたかが知れているからだ。

プエルトリコのローカルラジオで聞いたK-POP

日本の場合は「ひとまず日本で」となるところが、韓国の場合は「今すぐ海外へ」となりやすい。これは野球界に限らず、両国の社会で広く見られる現象であるように思う。

韓国外務省によると、2021年時点で約730万人の韓国人が国外で暮らしている。同年における韓国の総人口は約5174万人なので、韓国人のほぼ7人に1人が海外で生活しているということだ。一方、日本の外務省によると2022年時点で海外在住の日本人は約130万人。総人口約1億2494万人の1%強にすぎず、韓国よりはるかに「内向き」であることがデータから伺える。

なぜ、それほど多くの韓国人が海外で暮らしているのか?

いちばんの理由は、単純に「海外に出ないと生きていけない」人が多いからだろう。人口約5100万人の韓国には、日本ほど巨大な国内市場がない。多くの産業は内需だけではやっていけず、海外市場に活路を求めるしかない。そうした産業の代表格が、日本でもお馴染みのK－POPだ。

2010年代に世界を席巻したK－POPは、あくまでも日本国内をマーケットにしてきたJ－POPとは対照的に、当初から世界でヒットさせることを見据えていた。具体的なターゲットは世界最大の市場、アメリカだ。アメリカでヒットすれば多くの場合、ヨーロッパや中南米にもその熱は伝播する。

2013年2月にカリブ海の小島、プエルトリコで僕がレンタカーを走らせていたとき、車内のローカルラジオからはK－POPの代表的グループ、少女時代の新曲が流れていた。世界的には〝Girls' Generation〟というグループ名で知られる少女時代は、ヒップホップやEDM（エレクトリック・ダンス・ミュージック）などのグローバルな流行を取り入れたサウンド、そしてスタイリッシュなダンスですでに世界的なブレイクをなし遂げていた。

当時のプエルトリコではほかにも、首都サンファンの公園でPSYの「カンナムスタイル」を爆音で踊る若者たちの姿も見た。一見すると「サングラスをかけた小太りのおっさん」にすぎないPSYはユニークな「馬乗りダンス」を世界中でバズらせ、K－POPブームの火つけ役的な存在になっていた。

Ｋ－ＰＯＰの世界的ヒットは、もちろん個々のアーティストによる努力の結果だが、同時に韓国政府による「国策」でもあった。日本の「クール・ジャパン」に先駆けて、韓国はグローバル戦略の一環として自国のポップカルチャーを輸出し始めた。

この背景には、１９９７年のアジア通貨危機で自国通貨ウォンが暴落し、韓国経済が破綻したことがある。韓国は国際社会で生き残るためグローバル化に舵を切り、Ｋ－ＰＯＰは世界に通用するエンターテインメントになることを至上命題とされた。その戦略は見事成功し、韓国は今や世界有数の文化発信国となった。韓国発のファッションや食文化なども、日本を含む世界各国で人気を博している。

映画界でも２０２０年、韓国の格差社会をユーモラスに描いた『パラサイト 半地下の家族』が非英語作品として史上初のアカデミー賞作品賞を受賞するなど、韓国映画の躍進

アメリカのメディアによる少女時代の特集記事
（billboard、2011年11月13日）

が近年目覚ましい。『パラサイト 半地下の家族』のあらすじは、ＩＴ企業の社長である夫、通称「パク社長」と、日常会話にやたら英語のフレーズを交えたがる妻ヨンギュが2人の子どもとともに暮らす豪邸を、貧困街にある半地下の家で暮らす貧しい4人家族が密かに乗っ取るというものだ。「グローバリズムが生み出した格差社会」という今、世界の至るところで切実な問題となっているテーマに、北朝鮮をネタにしたギャグなど少々ブラックなユーモアも交えて切り込んだ。

この作品を初めて見たとき、僕はどこか懐かしい感覚を覚えた。というのも、２００１年に僕がアメリカの語学学校で出会った韓国人のティーンエイジャーたちは、今振り返るとこの映画に出てくる「金持ち」側の子どもたちによく似ていたからだ。

後で両親から聞いた話だが、僕が通ったその語学学校は学費がべらぼうに高かった。僕の場合は父の勤務先だった製薬会社が学費を負担してくれたが、韓国人生徒たちは多くは単身留学だった。なかには「どうしてもアメリカで学びたい」という自発的な意欲を持った生徒がいたかもしれないが、おそらくは教育熱心な親が「これからは英語ができないといい仕事に就けないからアメリカで学びなさい」などと言って、まだ10代半ばの息子や娘たちを送り込んだケースが多かったのだろう。僕と同じく30代後半になっているはずの彼ら彼女らの多くは今ごろ、きっとグローバル企業で世界を股にかけて働き高給を得ているはずだ。

サバイバルとしての海外生活

21世紀の世界で生き延びていくには、若いうちから海外に出て英語やグローバルな感覚を養い、世界に通用する人材になるしかない。

僕がアメリカで通った語学学校には、きっとこんな考えの親のもとで育ったと思われる韓国人の少年少女たちが多くいた。韓国には日本以上にハードな受験競争や過度なエリート教育があり、学齢期の子どもを持つ親たちの危機感は強い。国内でひと握りのエリートを目指すか、もしくは早くから海外に出てグローバルな人材を目指すか。さもなければこの超格差社会で貧しく過酷な人生が待っている……。

今や韓国人の7人に1人が海外で暮らしているのは、多くの場合「憧れの海外暮らし」などという優雅で生温いものではなく、この世知辛い現代社会を何とかサバイブしていくためだろう。韓国人に限らず、世界の多くの人々にとって海外生活は、憧れの対象ではなくサバイバルの手段だ。

たとえば東南アジアの貧困国であるフィリピンは、1億人を超える国民の約10%が海外で働いている。フィリピンの首都マニラの空港には〝Overseas Filipino Worker〟（海外で働くフィリピン人）専用のレーンがあり、海外で出稼ぎ労働をするフィリピン人はこのレーンを使うことで出入国をスムーズに行える。それほど「海外で働く」ことはフィリピン人にとって当たり前のことなのだ。僕がマレーシアの首都クアラルンプールに住んでいたころ、行きつけのカフェの店員もほぼ全員がフィリピン人だった。母国が貧しいものの英語堪能（そして笑顔が素敵！）な彼ら彼女らは、今日のグローバル社会で重宝される。日本でも多くのフィリピン人が働いており、僕の母が建築士として働く外資系の設計事務所では、都心のオフィスで英語とタガログ語が飛び交っているという。

生きていくために外国で働く人々の姿は逞しい。僕がこれまで出会った韓国人たちの多くに感じてきたのも、このグローバル社会を生き抜いていこうというバイタリティだ。それはたとえば、当たり前のように日本語を含めた3か国語を話すK‐POPのスターたちや、マイナーリーグから通訳なしでメジャーまではい上がるタフな野球選手たちにも通じるところがある。

そして経済だけでなく安全保障の面でも、韓国は日本以上に強い危機感を抱いているはずだ。北朝鮮のミサイルは飛んでくるものの、国土の四方を海に囲まれている日本と違い、韓国は北朝鮮、そして中国と地理的に極めて近い。それゆえ、韓国は常に軍事的なリスクにさらされている。男子全員に兵役義務があることも、国家の安全が決してタダではないという認識、また自分たちの国は自分で守らねばならないという意識を高めているはずだ。

韓国人選手初の「エリートコース」を歩んだ柳賢振

話を野球に戻そう。

現時点ではＭＬＢで最も成功した韓国人選手といえる秋信守は、前述のようにマイナーリーグからメジャーに上り詰めた苦労人だ。しかし秋は、自分が経験した苦労を他の韓国人選手も味わうべきとは思っていない。秋は「マイナーリーグの生活がどれほどつらいかよく知っているので、韓国の優れた若手選手たちにはＫＢＯでプレーしてからメジャーリーグを目指してほしい」と語っている。そして秋の望み通り、２０１０年代にはＫＢＯのスター選手たちがメジャー移籍するケースが増えていった。

１９８７年生まれの左腕投手、柳賢振（リュ・ヒョンジン）はＫＢＯの高卒ルーキーだった２００６年に最多勝、最優秀防御率、最多奪三振のタイトルを獲得する大活躍でリーグMVPを受賞し、韓国の野球ファンから「怪物」と呼ばれた。２００８年の北京オリンピックではキューバとの決勝戦に先発して好投、韓国代表に金メダルをもたらし、チームメイトとともに兵役を免除された。ＫＢＯでプレーした７年間に数々のタイトルを獲得した後、２０１２年オフにポスティング・システムを利用してのメジャー挑戦を表明。８球団による競合の末、柳はドジャースと６年総額３６００万ドル＋出来高払いの契約を結び、ＫＢＯからメジャーに移籍した初の韓国人選手となった。

韓国球界での柳は、日本球界でいえば松坂大輔やダルビッシュ有、田中将大のような存在だった。高卒１年目から大活躍し、国内では向かうところ敵なし。松坂は８年、ダルビッシュと田中は７年間ＮＰＢでプレーした後に海を渡ったが、柳もＫＢＯで７年間プレーしている。そして松坂やダルビッシュ、田中と同じく、柳はメジャーで１年目から活躍した。

メジャー１年目の２０１３年、そして２年目の２０１４年にいずれも先発投手として14勝。ロサンゼルスには巨大なコリアタウンがあり、ドジャー・スタジアムには多くの韓国人や韓国系アメリカ人が駆けつけた。２０１４年４月に僕がロサンゼルスのダウンタウンでタクシーを拾うと、車内のラジオからは韓国語でドジャース戦の実況が聞こえてきた。運転手はアジア系の中年男性だったが、おそらく韓国人だったのだろう。

当時はちょうどＫ－ＰＯＰがアメリカを含む世界を席巻し始めていたころで、ドジャースもこれに便乗した。前述した少女時代のメンバーやＰＳＹがドジャー・スタジアムを訪れ、試合前やイニング間のパフォーマンスで観客を沸かせた。ちなみに同じころ、日本から鳴り物入りでメジャー移籍した田中はヤンキー・スタジアムで、アメリカ人は誰も知らない「ももクロ」の曲を自身の登場曲として爆音で流していた。

Los Angeles Times
LOG IN
Dodgers news　Ohtani says he's married　Yamamo

DODGERS

The night Psy met Dodger Hyun-Jin Ryu and the baseball world shook

Dodgers pitcher Hyun-Jin Ryu and pop star Psy, both from South Korea, exchanged gifts following Tuesday night's game against the Colorado Rockies. (Victor Decolongon / Getty Images)

柳賢振とPSYの対面を紹介する記事
（Los Angeles Times、2013年5月1日）

柳は２０１９年、アジア人投手として初めて最優秀防御率のタイトルを獲得し、その年のオールスターゲームでは韓国人選手として初の先発投手を務めた。このシーズン限りでドジャースとの６年契約を完了すると、オフにトロント・ブルージェイズと４年総額８

000万ドルの大型契約を結んだ。

メジャーでも一流投手としての地位を確立した柳は、韓国人選手として初めて「エリートコース」を歩んだ。自国のプロ野球リーグでスター選手となり、好条件でのメジャー契約を勝ち取り、そして成功を収めた。朴や秋のようにマイナーリーグを経験せず、まずはKBOで活躍してから好条件でメジャーへ……という、韓国人選手の新たなキャリアパスを切り開いたのだ。

柳のメジャー移籍以降、同じようにKBOからメジャー挑戦する選手が相次いだ。2016年にピッツバーグ・パイレーツで21本塁打を放った強打の内野手、姜正浩（カン・ジョンホ）。同じく2016年にボルチモア・オリオールズで規定打席不足ながら打率3割をマークした金賢洙（キム・ヒョンス）。かつて「日本キラー」と呼ばれ、2021年にセントルイス・カージナルスで7勝を挙げた左腕、金廣鉉（キム・グァンヒョン）。2023年にアジア人の内野手として初めてメジャーでゴールドグラブ賞に選出されたサンディエゴ・パドレスの金河成（キム・ハソン）。そして2023年オフにサンフランシスコ・ジャイアンツと6年総額1億1300万ドル（約164億円）という大型契約を結んだ若きスター外野手、李政厚（イ・ジョンフ）。

彼らは皆、柳と同じくKBOでスター選手として活躍した後にメジャー移籍している。「韓国人メジャーリーガーのパイオニア」は野茂と同時代に活躍した朴だったが、柳は「KBOからメジャー移籍する選手のパイオニア」になったのだ。

日本球界を「スルー」する韓国人選手たち

ちなみに、過去にはMLBではなくNPBを目指す韓国人選手も多かった。

1990年代から2010年代にかけて、李鍾範（イ・ジョンボム）や宣銅烈（ソン・ドンヨル）、李承燁（イ・スンヨプ）、李大浩（イ・デホ）などKBOを代表するスター選手たちがNPBで活躍した。李承燁や李大浩のように、NPBでプレーする前後にやはりMLB移籍を目指した選手もいたが、韓国人選手にとってNPBでプレーすることは魅力的な選択肢のひとつだった。KBOよりもリーグのレベルが高く、MLBほどではないが高給が稼げる。アジア最高のプロ野球リーグであるNPBこそが、韓国人選手にとって最も身近な「メジャーリーグ」だったと言える。

しかし今では、日本をスルーして「韓国からメジャー」へ行くのが韓国人選手の理想的なキャリアパスとなっている。ＫＢＯで最高の投手だった柳が２０１２年オフにドジャースに移籍する際、日本の球団も柳の獲得を狙っていると報じられたが、柳は「僕の夢はメジャーリーガーになることで、日本のプロ野球には全く興味がない」と言い放った。ちょうど18歳の大谷が「高卒即メジャーか、それともファイターズ入りか」で悩んでいたころだった。

この背景としては、ＮＰＢとＭＬＢの年俸格差が拡大したことに加えて、韓国人メジャーリーガーの成功事例が蓄積されてきたことも大きいだろう。２０２４年からＭＬＢでプレーする李政厚は、２０２３年にナショナル・リーグのＭＶＰ投票で少数ながら票を得るほどの活躍をした金河成と韓国でチームメイトだった。李はジャイアンツとの交渉に際して金からアドバイスを受けたというし、ジャイアンツもライバル球団のパドレスで活躍する金を見て、金と同じくＫＢＯで活躍していた李への大型投資を決断したのだろう。李の代理人であるスコット・ボラスは「彼はＫ－ＰＯＰをメジャーにもたらすと思う」とコメントして、アメリカ人記者たちの笑いを取った。

日本にとって最も身近な外国であり、しかも身近であるがゆえに日本との差異が際立つ国、韓国。

２０２４年のＭＬＢ開幕戦、そしてドジャースの一員としての大谷のデビュー戦は、韓国の首都ソウルで行われた。

韓国における大谷の知名度の高さと人気

２０２４年3月20日朝、僕は成田国際空港から渡韓し、夜はソウル市内のスポーツバーでＭＬＢの試合を観戦した。その前後に、街中や空港で出会った人々と野球の話をしたが、韓国における大谷の知名度の高さと人気に驚いた。

たとえば、この日ソウルでＭＬＢの試合が行われることすら知らなかった女子大生も、大谷のことは知っていた。彼女は韓国人メジャーリーガーの金河成（キム・ハソン）を知らなくても、大谷の名は知っていた。大谷は「背が高くてカッコいい」、そして最近結婚したことは「残念」だとも。また、別のある女性は「（韓国で）大谷のことを知らない人はいないと思う」とまで明言した。

日本人が大谷をはじめとする日本人選手ばかりを追いかけるように、韓国では金河成らの韓国人選手が圧倒的人気を誇ると思っていたが、ソウルでの一番人気は大谷だった。もちろん大谷は球界最高のスター選手であり、今や国際的なセレブリティだ。しかし韓国での大谷人気には、韓国人が備える逞しいグローバルマインドも影響しているように感じる。

前にも述べたが、韓国人の約7人に1人が国外で暮らしている。海外、とくに欧米では、韓国人も日本人もまず「アジア人」というレッテルを貼られる。アジアの外で暮らすと、他者の目を通して自分が「アジア人」であるという自覚が生じる。これは僕自身がアメリカで暮らして体感したものだ。

韓国人の多くは海外で暮らしている、または暮らしたことがあり、それゆえに自分を「韓国人」としてだけでなく「アジア人」としても認識している。だからこそ、同じアジア人である大谷の活躍を「同胞の活躍」として喜ぶことができるのではないか？　金河成の活躍を「同胞の活躍」として喜べる日本人がどれくらいいるだろうか？

韓国での大谷人気は、もちろん多くの日本人にとって嬉しいことだが、同時に韓国人が有する国際感覚を示唆してもいる。多くの韓国人にとって大谷の活躍は「日本人の活躍」という人ごとではなく「アジア人の活躍」という自分ごとなのだ。

ソウルでの開幕戦が行われた高尺スカイドームの周辺で試合前、日本のマスコミ関係者が大谷のモノマネ芸人やら大谷のユニフォームを着たファンばかりにカメラを向ける姿を見て、僕は少し恥ずかしい気持ちになった。

第8章

〝Ohtani in the U.S.A.〟リベラル時代の新ヒーロー

アメリカの有名雑誌『GQ』の表紙を飾った大谷

〝How Shohei Ohtani Made Baseball Fun Again〟（大谷翔平はいかにして野球を再び面白いものにしたか）

2022年1月、アメリカの男性ファッション誌『GQ』スポーツ版の表紙を大谷翔平が飾った。『GQ』は1931年にアメリカで創刊され、現在は日本を含む21の国と地域で発行されている歴史と権威ある雑誌だ。〝The Babe Ruth of Modern Baseball〟（現代野球のベーブ・ルース）というキャッチコピーとともに、ノースリーブの白いニットから丸太のような太い腕を露出した大谷が、胸元にMVPトロフィーを抱えて白い歯を見せる。白いニットの襟と袖には赤いラインが入っており、同じく赤いエンゼルスロゴが入ったキャップとコーディネートされている。大谷を主役に据えたこの号のテーマは〝The World's Most Dominant Athletes〟（世界の突出したアスリートたち）。野球に限らず、スポーツの歴史における偉大なアスリートたちを特集している。

『GQ』の表紙には過去、俳優のブラッド・ピットや歌手のジャスティン・ビーバー、N

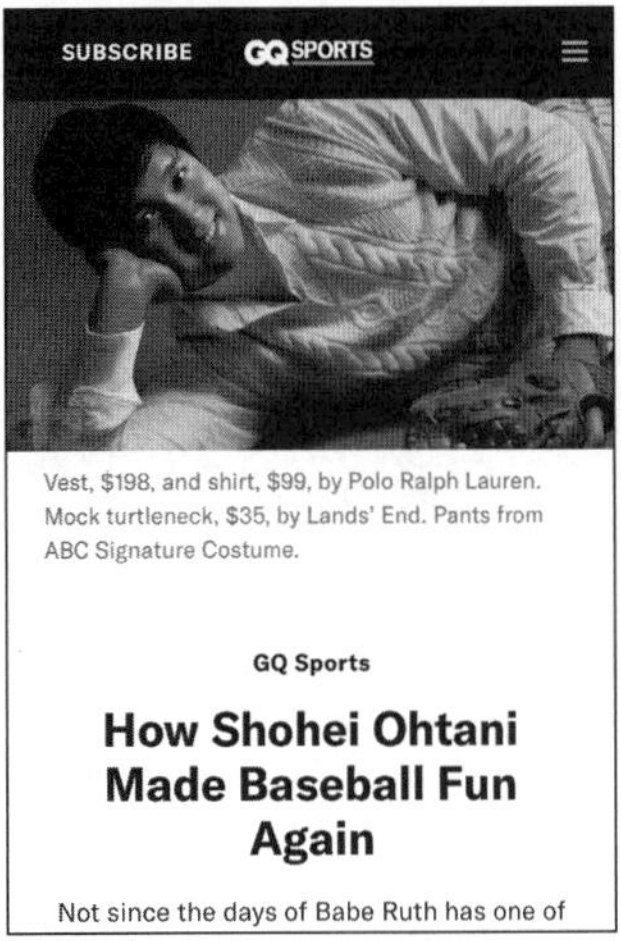
SUBSCRIBE　GQ SPORTS

Vest, $198, and shirt, $99, by Polo Ralph Lauren. Mock turtleneck, $35, by Lands' End. Pants from ABC Signature Costume.

GQ Sports

How Shohei Ohtani Made Baseball Fun Again

Not since the days of Babe Ruth has one of

アメリカの有名雑誌『GQ』（2022年2月号）スポーツ版に掲載された大谷の特集記事（Web版、2022年1月12日）

ＢＡのレブロン・ジェームズら、世界中でその名を知られる錚々たるスターたちが登場している。スポーツ版とはいえ『ＧＱ』の表紙を大谷が飾ったという事実は、大谷がアメリカでいかにビッグな存在になったかを物語っている。『スポーツ・イラストレイテッド』や『ベースボール・アメリカ』といったスポーツや野球の専門誌で表紙を飾ったことは過去にあったが、ついにハリウッドスターや世界的アーティストとも肩を並べたのだ。

『ＧＱ』はファッション誌だけあって、誌面を開くと普段のユニフォーム姿とは違う、スタイリストが選定したハイファッションに身を包んだ大谷の写真が並んでいる。ラルフローレンの白いシャツに、薄いグレーのニットベストという爽やかなプレッピースタイルの大谷。その姿のまま白いヘルメットをかぶり、それぞれ色みの異なる3本の木製バットを抱えてはにかんでいる「野球少年」風の大谷。一転して、カルバン・クラインの白いタンクトップ姿でクラブハウスにひとり佇み、ダンベルやバーベルに囲まれてトレーニング中の大谷。そして彼自身がアンバサダーを務めるヒューゴ・ボスの白いタートルネックを着用し、顔面を赤いキャッチャーマスクで覆い、その奥からいたずらそうに笑う大谷……。

どこかノスタルジックに雰囲気に溢れた、アメリカントラディショナルを思わせるファッションに身を包んだ大谷の写真を眺めていると、不思議なことにアメリカ人は大谷に「古きよきアメリカ」のイメージを見いだそうとしているように感

『GQ』スポーツ版より

じられる。アメリカでは人種的マイノリティであり、時に差別の対象にもなってきた日本人、アジア人である大谷に。

野球界の救世主

『GQ』の大谷特集は、もちろん単なる写真集ではなくて、同誌の記者であるダニエル・ライリーが大谷に独占インタビューした記事が掲載されている。インタビューは、日本でもおなじみの水原一平通訳（当時）を介して行われた。

大谷の生い立ちから、大坂なおみや錦織圭ら世界的に活躍する日本の若いアスリートを取り巻く環境、さらには野球界の現状など幅広いテーマに話が及んだこのインタビュー記事のタイトルは「大谷翔平はいかにして野球を再び面白いものにしたか」。このタイトルは「かつては面白かった野球が、いつしかつまらなくなった」（でも、大谷のおかげでまた面白くなった）という書き手の認識を伝えている。

では、かつて野球が「面白かった時代」とはいつの話なのか？　そして野球のどこが、どうつまらなくなったのか？

野球だけでなく映画への造詣も深いことがうかがえる筆者のライリーは「ハリウッドが野球にしか興味をいだいていないかのような時代」として、大谷がこの世に誕生する前、1980年代後半から1990年半ばに公開された野球をテーマにした数々の映画を紹介している。具体的には『ブル・ダーラム（さよならゲーム）』（1988年）、『メジャーリーグ』、『フィールド・オブ・ドリームス』（1989年）、『ミスター・ベースボール』、『プリティ・リーグ』（1992年）、『サンドロット／僕らがいた夏』、『ルーキー・オブ・ザ・イヤー（がんばれ！ルーキー）』（1993年）、『エンジェルス』、『リトル・ビッグ・フィールド』（1994年）といった作品群だ。

野球に関する映画が次々生まれたこのころがライリーにとっては「野球の黄金時代」だったようで、その後は「野球がアメリカの文化的想像力の中で衰退をつづけている」とライリーは言う。

「『野球を救う』のは誰か。この議論はそもそも、野球には救世主が必要だという、長年の人気低迷が生んだ絶望的な感覚の延長線上にある。野球を再び繁栄させるためには何か根本的な転換が欠かせない。そういった感覚だ」

「ソーサとマグワイアの夏で盛り上がり、ステロイド・スキャンダルで揺れた野球が――NBAの隆興、NFLの復活、プレミアリーグやF1中継の流入によって選択肢が増えたスポーツの世界において――20年に及ぶ衰退に入ったことを振り返るのは簡単だ。アメリカの世紀を間違いなく彩っていた背景も、陽の光を浴びすぎて永久に色あせてしまったようだと理解することもできる」

近年の大谷フィーバー、そして2023年春にワールド・ベースボール・クラシック（WBC）の熱狂を経験した僕ら日本人からすると、ライリーの表現はいささか悲観的すぎるようにも思える。だが、かつて「ナショナル・パスタイム（国民的娯楽）」と呼ばれていたベースボールが斜陽化しているという感覚は、ライリーに限らず多くのアメリカ人が抱いているものだろう。

アメリカのスポーツビジネス専門誌『スポーツビジネスジャーナル』が2017年に実施した調査によると、アメリカにおけるMLBファンの平均年齢は57歳で、アメリカ4大スポーツのうち最も高いという。ちなみにNBA（バスケットボール）、NHL（アイスホッケー）、NFL（アメリカンフットボール）ファンの平均年齢はそれぞれ42歳、49歳、

50歳となっている。

2017年時点におけるアメリカ人の平均年齢は38歳なので、そもそも4大スポーツが総じて「年寄りの娯楽」になりつつある現状がうかがえるが、なかでも突出してファンの年齢層が高い野球は、多くの若者からそっぽを向かれているということだ。一試合が3時間を超えるようなスポーツを今どき見ていられない、という感覚はアメリカだけでなく日本の若者も持っているだろう。

ファンの高齢化に伴い野球は斜陽化している……にも関わらず、MLBの市場規模は過去30年で約10倍になったという現実がある。1995年に日本円で約1500億円だったMLBの収入は、2022年には約1兆5000億円に達した。選手の平均年俸も右肩上がりで高騰し、大谷のような「1000億円プレイヤー」が生まれるまでになった。

ライリーの言葉を再び引用すると「野球がアメリカの文化的想像力の中で衰退をつづけている」のに、野球ビジネスが大繁盛しているのはなぜなのか？

それは、1990年代以降のIT革命とグローバリゼーションによってアメリカ経済が成長した（過去30年でGDPが4・5倍になった）ことに加え、MLBもその波にうまく乗ったからだろう。MLBはオンラインメディアの運営や海外市場の開拓によって、事業の収益性を向上させた。同時に、かつては素朴な「国民的娯楽」だった野球が、選手を金融商品に見立てた「マネーゲーム」に変わっていった。ウォール街でバリバリ働く金融マンや資本家が球団経営に参画し、選手や球団、スタジアムを投機対象と見なし、統計学やファイナンス理論に基づくデータドリブンな球団経営を始めたのだ。各地で収益性の高い新球場が建設され、またMLB機構がテレビ放映権を一括管理することで莫大な放映権料を得るようになった。こうしてMLBがビジネスとして成長すればするほど、皮肉にも「野球がつまらなくなった」と言う人が増えていった。

MLBの「マネーゲーム」化と並行して、野球というゲームそのものの質も変わっていった。1990年代後半、サミー・ソーサとマーク・マグワイアが歴史的なホームラン競争を繰り広げ、2001年にはバリー・ボンズが歴代最多のシーズン73本塁打を放ったが、彼らは禁止薬物であるステロイドの力を借りていた。また、2000年代には野球のデータを統計学的に分析して選手編成や戦略立案を行うセイバーメトリクスが球界に浸透し、野球は現場の感覚を頼りにしたアナログなゲームではなく、数字に基づくデジタルなゲームに変わった。投手の球数は徹底的に管理され、先発投手の「完投」を理想とするような価値観は時代遅れとなり、効率的でシステマティックな経営を推し進める〝株式会社〟のごとく徹底した分業制が敷かれた。2010年代にはプレーのトラッキング技術が進化し、選手たちはiPadでデータを見ながら自身の「バグ」を見つけて「フィックス」（修正）する作業に勤しむようになった。

こう書いていると、まるで野球というスポーツがディストピアに向かっているかのようだが、その反動かMLBは近年「古きよき時代（good old days）」を彷彿とさせる懐古趣味的なイベントをよく行っている。昔懐かしいレトロなデザインのユニフォームで試合を行ったり、野球のノスタルジア溢れる名作映画『フィールド・オブ・ドリームス』の舞台となった球場で特別試合をしたり……古きよきものが失われていく時代にあって、野球に本来備わっていた魅力を何とか取り戻そうともがいているかのように見える。

そんななか、投げてよし、打ってよし、という「野

トウモロコシ畑の中にある球場を舞台に試合を行った『フィールド・オブ・ドリームス』ゲーム（MLB公式サイトより）

球本来の楽しさ」を体現する存在として大谷が登場したのだ。『ＧＱ』に掲載された記事と写真は、大谷を「古きよき時代を思い出させてくれる存在」としてプロデュースしているかのように見える。

「アウトサイダー」だからこそ救世主になれたのか？

今から１世紀前、１９２３年に創刊されたアメリカの老舗雑誌『ＴＩＭＥ』の２０２２年４月25日・５月２日号でも、大谷翔平は表紙を飾った。ＭＬＢの選手が同誌の表紙に登場するのは、ボストン・レッドソックスが86年ぶりにワールドシリーズを制した２００４年以来で、日本人選手が同誌アメリカ版の表紙を飾るのは初めてだった。〝It's Sho-time〟というお決まりのフレーズとともに、スーツ姿の大谷がグラブを構えてこちらを見ている。『ＧＱ』と同じように『ＴＩＭＥ』も、大谷が「野球界の救世主」であると論じている。「大谷翔平こそ野球界が必要としているもの（Shohei Ohtani is what baseball needs）」と題された特集記事は、冒頭で「野球は試合展開が遅く、近年はホームランと三振の量産によって緻密なドラマ性が失われており、２０２２年開幕前には99日間のロックアウトでファンをウンザリさせた」と現代野球のネガティブな要素を書き連ねた後、大谷はそんな野球界の希望になっていると紹介している。ちなみに大谷は２０２１年に『ＴＩＭＥ』が選出する「世界で最も影響力のある１００人」にも選ばれている。

『ＧＱ』の記事も『ＴＩＭＥ』の記事も、野球というスポーツはかつての輝きを失っており、そんな野球界を救う可能性を持つ存在が大谷なのだ、と論じている。それは野球界という狭い世界だけで完結する話ではなく、大谷は「世界で最も影響力のある１００人」のひとりとみなされるほどの社会的インパクトを有している。

これが、アメリカの歴史と伝統ある老舗メディアによる大谷論だ。

『TIME』誌の表紙を飾った大谷

日本人である大谷がアメリカの「国民的娯楽」を救う存在とみなされているのは不思議な気もするが、逆にリベラルな価値観が支配的な今日のアメリカでは「アウトサイダー」でなければ救世主になれないのかもしれない。黒人差別に抗議する「ブラック・ライブズ・マター」運動や、女性の人権を訴える「＃ＭｅＴｏｏ」運動のように、今は社会的マイノリティへの共感と既得権益層への反発こそが社会を動かす時代だ。アメリカの社会的マジョリティであり続けてきた白人男性に対する風当たりは強く、もはや「逆差別」とも言えるほどの状況になっている。長らく「白人男性のスポーツ」だった野球が斜陽に追いやられていることもそれと無関係ではないだろう。

もし仮に、史上初の本格的な二刀流選手が「いかにもアメリカ人」という外見をした白人男性だったら、彼は果たして「世界で最も影響力のある100人」に選ばれていただろうか？　現実にはその選手が「極東の島国からやってきたミステリアスな若者」だったからこそ、今日のアメリカでより興味の対象になったのではないだろうか？

大谷はアジア人であるがゆえに「（多様性を重視する）時代のヒーロー」感があるのだ。さらに言うと、日本という辺境の地からやってきた若者が自分の体ひとつで大成功をつかんだ姿は、移民国家であるアメリカ建国の記憶さえ蘇らせてくれるのかもしれない。自分たちの先祖もかつては大谷のように、遠く離れた地から海を越えてやってきて、そして自分たちが思い描く理想の世界を築いたのだ……と。

「野球のユートピア」日本

1990年代から急激にマネーゲームと化していったMLBでは、選手たちが「より高い年俸を得るため」にプレーするのが当たり前になっている。そんな時代において、大谷がエンゼルスに入団した際の「お金に執着しない姿勢」はMLB関係者を驚かせた。

大谷はMLB球団と自由に契約交渉ができるようになる25歳になるのを待たず、格安の年俸を覚悟して23歳の若さでMLBに飛び込んだ。実際に大谷は約6000万円という、その実力からすればバーゲン価格同然の年俸でエンゼルスと契約したが、移籍先をエンゼルスに決めた理由は「フィーリング」だったという。ほとんどの選手が敏腕エージェントをつけて交渉し、最も好条件を提示する球団と契約するのが当たり前な今日のMLBにおいて、大谷の行動はあまりにもピュアでイノセントに映った。

そんなピュアでイノセントな思いを貫いた大谷は2024年の今、史上最も稼ぐアスリートとなった。2023年12月にロサンゼルス・ドジャースと、10年総額7億ドル（約1015億円）というスポーツ史上最高額で契約。それに加えて、2024年のスポンサー収入は5000万ドル（約72億円）に達するとみられている。お金に執着しない大谷は皮肉にも、ＭＬＢのマネーゲームを一段上のステージへと押し上げたのだ。

先の『ＧＱ』の記事も、大谷の野球に対するピュアでイノセントな姿勢を伝える内容になっている。記者のライリーは〝yakyu shonen〟（野球少年）という言葉を用いて、日本では今も野球が人気のスポーツであること、野球に夢中な子どもたちがたくさんいること、大谷もかつてそのひとりであったこと、そして今もそうであることを伝えている。

「野球の醍醐味を思い出させてくれるのは、最近は日本人プレイヤーであることがほとんどだ。日本では今も、野球は人気スポーツだ。試合当日の熱狂的な空気やキラ星のごとく並ぶスーパースターたちによって、25年前、50年前、75年前のアメリカのような力強さを保っているのだ」

「彼（大谷）が伝えようとしているのは、野球が衰退しているというのはアメリカ中心的な考えだということだ。もし野球が衰退していると再び感じることがあれば、日本を訪れてみたらどうかということだ」（前掲の『ＧＱ』）

ライリーは、まるで日本が「野球のユートピア」であるかのように書いている。アメリカの野球界はもうダメだが、日本の野球には光がある。そして日本から放たれた光がアメリカの野球界を救ってくれるかもしれない。自分たちアメリカ人はいつしか野球本来の面白さを見失ってしまったが、かつて自分たちが野球を教えた日本人が今それを教えてくれるのだと。

「野球の醍醐味を思い出させてくれるのは、最近は日本人プレイヤーであることがほとんどだ」とライリーは書いているが、確かに日本人選手が「アメリカの野球を面白くした」と言われるのは大谷が初めてではない。大谷が自身初のMVPを獲得する20年前、2001年に日本人選手初のMVPを獲得したイチローについて、日本野球を長年取材してきたアメリカ人作家のロバート・ホワイティングは「彼の快挙は、パワーとホームラン偏重の大リーグに一大変革をもたらし、野球本来の面白さをアメリカ人に再認識させることとなった」と書いている。現役を引退した今も毎日シアトル・マリナーズのユニフォームを着て若手選手たちの指導に当たり、オフには日本で草野球チームを率いて女子野球チームと対戦するなどしているイチローは、やはり「永遠の野球少年」と言うべき存在だろう。

イチローや大谷のように「生活の全てが野球を中心に回っている」かに見える選手は、

アメリカでは決して多くない。アメリカ人は仕事とプライベート、オンとオフの切り替えがハッキリしている人が多いので、たとえシーズン中は野球漬けでも、オフには家族とのんびり過ごしたり、趣味に没頭する人が多い。日本人選手でも、たとえばＳＮＳで家族との写真を頻繁に公開しているダルビッシュ有などは、アメリカ人選手の感覚に近いかもしれない。大谷も最近になって愛犬「デコピン」を披露したり、あるいは結婚を報告したりしているが、ダルビッシュほど積極的にＳＮＳを利用していない。おそらくはＳＮＳをやるヒマがあったら野球やトレーニングをしていたいのだろう。

イチローや大谷が意図せずとも表現している、そのあまりにもピュアでイノセントな野球への情熱が、アメリカの昔ながらの野球ファンの心を打つことは想像に難くない。「オレたちアメリカ人が発明したベースボールというスポーツを、こんなにも純粋に心から楽しんでいるやつがいるのか！」と。たとえるなら、寿司を握ることに人生を捧げているアメリカ人の板前や、寝る間も惜しんで俳句を詠むことを生き甲斐とするマレーシア人の若者に僕ら日本人が感動するようなものだ。自分たちの文化や発明が、異なるバックグラウンドを持つ社会で情熱的に嗜まれていることを知ると人は感動する。

１９９０年前後に公開された野球映画のひとつとしてライリーが挙げた『ミスター・

ベースボール』は、落ちぶれたメジャーリーガー、ジャック・エリオットが中日ドラゴンズへトレードされ、文化や風習の全く異なる日本球界で悪戦苦闘するというコメディだ。エリオットは来日直後、ミステリアスな日本人女性ヒロコと出会いレストランで夕食を共にするが、そこで神戸牛ステーキのおいしさに感動し、「カンザスのステーキも真っ青だ」と口にする。そして「日本食は、どうも苦手でね」とも。するとヒロコは、エリオットに対して〝This is very Japanese〟（これは日本のビーフよ）と言った後、こう続ける。

〝Japan takes the best from all over the world and makes it her own〟（日本は外国のものを取り入れてアレンジするのが上手いのよ）

高倉健がドラゴンズ監督を演じた映画『ミスター・ベースボール』

このセリフは、日本がアメリカの「ベースボール」を取り入れて「野球」にアレンジしたことを示唆している。ライリーが大谷を〝baseball kid〟ではなく〝yakyu shonen〟と表現したのも、日本の「野球」が独自の文化を育んできたことを知っているからだろう。

アメリカで野球文化が衰退したとされる過去20年間、アメリカ経済は成長したが、一方でアメリカ社会は混迷を極めてきた。２００１年の全米同時多発テロに始まり、２００３年のイラク戦争、２００８年のリーマン・ショック、そして２０１６年のトランプ大統領誕生。国家経済が成長する一方で貧富の差は拡大し、銃乱射事件やヘイトクライムが全米各地で相次ぎ、人種や性的マイノリティへの差別に対する怒りが噴出した。大統領が「アメリカ・ファースト！」と叫んで排他主義を推し進める姿は、世界中ではもちろんアメリカ国内でも軽蔑の対象になった。

ライリーが「アメリカにおける野球文化の衰退」に「アメリカ社会の荒廃」を重ねていたとしても不思議ではないし、実際に今は多くのアメリカ人が自信と誇りを失っているだろう。そこにきて大谷翔平という、アメリカの「国民的娯楽」の魅力を全身で表現する若者が極東の島国から現れた。アメリカから見て世界の辺境である日本、そのなかでも岩手という地方都市から『ＧＱ』や『ＴＩＭＥ』の表紙にまで上り詰めた大谷は、今や死語となった「アメリカン・ドリーム」の現代的な体現者だ。かつてヨーロッパからアメリカに入植した人々がそうであったように、大谷は夢と理想を追い求めて海を渡り、そして見事に実現した。

大谷とは正反対だった〝元祖二刀流〟ベーブ・ルースのキャラクター

日本でもアメリカでも、大谷について語るときによく引き合いに出されるのが「野球の神様」ベーブ・ルースだ。しかし、「二刀流選手」そして「最高の野球選手」という共通点はあるものの、そのキャラクターやパーソナリティはまるで異なっている。

ルースは野球選手としての実力は突出していたが、私生活では問題の多い選手だった。派手な遊びが好きで、試合の前日でも朝までドンチャン騒ぎ、酒と女にまみれた生活を送っていた。7歳で少年矯正施設に送られた過去があるルースは、本人いわく「小さな頃からビール、ワイン、ウイスキー、何でも飲んだ。タバコは5歳で覚えた」。感情の波が激しく、その気性の荒さゆえに球場外でトラブルが絶えなかった。牧場での素朴な暮らしを好む美しい女性と結婚したが、結婚生活がうまくいくはずがなく、やがて離婚。ルースは愛人だった女優と再婚し、元妻は火事で亡くなった。

１９９２年に公開されたルースの伝記的映画『夢を生きた男／ザ・ベーブ』は、ルースが１９３５年に現役を引退するまでの日々を描いているが、ルースの人間的魅力とともに、社会性の欠如や破天荒ぶりも伝えている。ルースは良くも悪くもワガママな子どもがそのまま大人になったような人間で、それゆえか貧しい子どもたちを無料で球場に招待するなど心優しく太っ腹な一面もあったが、一方で誘惑に弱く、欲望にまみれ、社会的に成熟した人間とは言えなかった。ルースは20世紀前半のアメリカを代表するスーパースターだったが、アメリカの礎を築いたプロテスタントの思想である清貧や禁欲の精神とは無縁の人間だった。

ルースが活躍した時代のヤンキースには、ルースのほかにもう一人、ルー・ゲーリッグというスター選手がいた。ドイツ人移民の両親を持つゲーリッグは、ルースとは対照的に真面目で勤勉な人格者だった。１９９５年にカル・リプケンJr.が記録を塗り替えるまで「不滅の記録」と言われていた２１３０試合連続出場という数字が、その性格を物語る。

誰よりも屈強な選手だったゲーリッグはしかし、のちに筋萎縮性側索硬化症と診断された難病を患い引退を決意。１９４１年、37歳の若さでこの世を去った。

その翌年、1942年には早くもゲーリッグの伝記的映画『打撃王』が公開された。この作品には登場人物のひとりとしてルースも出てくるが、スクリーンでルース役を演じたのはほかでもない、ルース本人だった。ルースはすでに現役を引退していたが、果たしてカネに困っていたのか、あるいはただ単に映画デビューをしたかったのか？　伝説的な野球選手である自分自身の役を自ら演じてしまう、そんなところがルースの憎めないキャラクターをよく表している。

現役時代のゲーリッグ（右）とルース（写真：アフロ）

ゲーリッグという「模範的な人間」が同じチームにいたことで、ルースの破天荒なキャラクターはより際立った。エンゼルス時代の大谷にも、同僚にマイク・トラウトというスーパースターがいた。アジア人かつ二刀流の大谷が「新時代のヒーロー」だとしたら、白人で走攻守三拍子揃った外野手のトラウトは「昔ながらのベースボール・ヒーロー」という印象がある。身近な人間との対比によって、人の特徴は際立つものだ。

リベラルな時代の波に乗った大谷翔平

ルースがアメリカ野球のヒーローになってから約1世紀後、大谷が「ベーブ・ルースの再来」と騒がれたわけだが、メディアが伝える大谷のキャラクターはルースとは似ても似つかない。私生活は質素で、四六時中野球のことを考えている、まるで野球少年がそのまま大人になったような存在だ。「子どもがそのまま大人になった」という点ではルースと同じかもしれないが、大谷にはルースと違って社会性があり、球場外で破天荒なふるまいをする気配もない。いかにも模範的な優等生である大谷は、ルースのように「酒と女に溺れる」なんてイメージも全くない。時代の違いもあるのだろうが、大谷とルースのキャラクターは真逆だ。

また、ルースが「白人のアメリカ人」という社会的マジョリティだったのに対して、大谷が「アジア人」という社会的マイノリティであるという点も見逃せない。ルースが活躍していた時代、野球はまだ「白人のスポーツ」で、MLBには白人選手しかいなかった。人種差別が当たり前の時代だった。しかし今日、人種差別は目の敵にされ、MLBは多国籍なリーグになった。人種や性的嗜好の多様性を重視する「リベラル」が支配的なイデオロギーとなり、欧米では社会的マイノリティを受け入れるどころか、彼ら彼女らが表舞台に出てくることを積極的に求めており、場合によっては社会的マジョリティの側が差別されるという現象まで起きている。

今日、欧米の広告業界ではCMのイメージキャラクターやモデルに「社会的マイノリティ」を積極的に起用することがルール同然になっている。白人だけでなく黒人やアジア人、男性だけでなく女性を登場させることがお決まりのコードになっているのだ。仮に少しでも人種差別を匂わせるような表現を含んでいた場合は、すぐさまSNSで炎上する。バッシングするのは現代のリベラル至上主義が生んだ、表層的な「ポリティカル・コレクトネス」に過剰なまでにこだわる人々だ。社会的地位の高い人物が過去に行った差別的な発言などの記録を引っ張り出し、その人物を社会的に抹殺することを指す「キャンセルカルチャー」なる言葉も生まれた。

こうしたリベラル至上主義に支配された現代のアメリカには、人種的マイノリティである大谷が積極的に受け入れられる土壌があった。大谷は「人種的マイノリティであるにもかかわらず」ではなく、「人種的マイノリティであるがゆえ」積極的に受け入れられた可能性がある。大谷の存在は、MLBが「白人による白人のための時代遅れなスポーツ」ではなく「多様性に満ちたリベラルなスポーツ」であるというイメージを流布することに貢献した。メジャーリーガーの大多数を占めるアメリカ人やヒスパニックではない、アジア人のスーパースターが誕生したことはＭＬＢのプロモーションにとってても好都合だったはずだ。

企業が自社のマーケティングに「ポリティカル・コレクトネス」を取り入れ、政治的なメッセージとともに自社の商品やサービスを売り出すことも今や珍しくない。その手のマーケティングで商業的な成功を収めた最たる例が、元ＮＦＬ選手のコリン・キャパニックを起用したＮＩＫＥのキャンペーンだ。

ＮＦＬサンフランシスコ・フォーティナイナーズのクォーターバックだったコリン・キャパニックは２０１６年８月、プレシーズンマッチで試合前に行われる国歌斉唱の際、ベンチに座ったまま起立を拒否した。その理由についてキャパニックは「黒人や有色人種への差別がまかり通る国に敬意は払えない」と説明し、人種差別への抗議であると訴えた。その結果、フォーティーナイナーズはキャパニックとの契約を破棄した。フリーエージェントとなったキャパニックに手を差し伸べるチームはなく、キャパニックは事実上ＮＦＬから追放されたかたちだ。

そんなキャパニックに手を差し伸べたのが、NIKEだった。

アメリカ西海岸のオレゴン州に本社を構えるNIKEは、キャパニックが「リベラルな価値観を体現するアイコン」となったことに目をつけ、同社の有名なタグラインである〝Just Do It〟30周年記念キャンペーンのメインビジュアルに起用した。キャパニックの顔写真に〝Believe in something. Even if it means sacrificing everything.〟（何かを信じろ。たとえそれで全てが犠牲になるとしても）とメッセージを載せたキャンペーンは若者を中心に好感を得て、NIKEは売り上げの大幅アップに加え、株価は最高値を更新した。

この広告は、アメリカで最も権威ある広告・マーケティング誌として知られる『アドバタイジング・エイジ』の最優秀マーケティング賞に選ばれた。NIKEの成功を見たほかの企業も相次いで、リベラルな価値観を持つ人々をターゲットに「第二のキャパニック」を探し始めた。もっとも多くの場合、こうしたキャンペーンで掲げられる社会的正義は極めて表層的で、中身を伴わないものが多かった。

たとえば、リオネル・メッシやネイマールといった南米出身の世界的サッカー選手とスポンサー契約を結んでいる大手クレジットカード会社のマスターカード。「お金で買えない価値がある。買えるものはマスターカードで」のタグラインで有名な同社は、2018

年にロシアで行われたサッカーワールドカップで「ネイマールとメッシが得点を決めるたび、食糧難にあえぐ貧困層の子どもたちに1万食の食事を無料で提供する」というキャンペーンを打ち出した。

キャパニックを起用したNIKEの広告

マスターカードとしては同社が「社会貢献」に積極的であることをアピールしたかったのだろうが、このキャンペーンに対して「資金があるならゴールに関係なく寄付すべき」「選手にプレッシャーをかけすぎ」などと批判が殺到した。これを受けてマスターカードは、慌てて「両選手のゴール数に関わらず2018年中に1万食を配布する」とキャンペーン内容を修正し、さらに「飢餓という深刻な問題に取り組む同社の活動から目をそらさないでほしい」と苦し紛れに訴えた。マスターカードが心配しているのは貧困層の子どもたちではなく、自社のブランドイメージと株主への利益還元であることは誰の目にも明らかだった。

すでに政治的メッセージを帯びている大谷

さて、日本で数々の企業広告に出演している大谷は、キャパニックやマスターカードのように明確で具体的な政治的メッセージを発しているわけではないが、その存在自体がすでに政治的メッセージとなっている。

アメリカでは人種的マイノリティである大谷が「投打二刀流」という新しい挑戦で成功を収めたという事実は、MLBというスポーツ機構の「懐の深さ」を示唆している。大谷本人にそんな意識がなくても、今日のアメリカにおいて大谷の存在は「人種的マイノリティのサクセスストーリー」のひとつと見なされる。それはMLBに限らずアメリカのスポーツ界では人種差別が当たり前に存在していたこと、場合によっては今もあることの裏返しでもある。

次章では、MLBにおける人種差別の歴史、そして日本球界における「ガイジン」差別の歴史を見ていこう。

第9章

MLBの日本人差別と、日本球界の「ガイジン」差別

バースと王貞治の本塁打記録

1985年10月24日、後楽園球場。

王貞治が持つシーズン55本塁打の日本プロ野球記録にあと1本と迫っていた阪神タイガースの「助っ人」ランディ・バースは、ライバル球団である読売ジャイアンツとのシーズン最終戦で、ジャイアンツの投手陣から5打席続けて敬遠された。第3打席は3ボールから外角高めのボール球を強引に打ちにいってセンター前ヒットとしたが、残る4打席は全て四球。バースはこの年、三冠王に輝く大活躍でタイガースを日本一へと導いたが、惜しくも王の記録に並ぶことはできなかった。もっとも、それはバースにとって想定内の結果だった。彼は最終戦を前に「記録達成は無理だろう、私はガイジンだから」と語っていた。外国人選手である自分が、偉大なる王貞治の記録に肩を並べることなど日本で許されるわけがない。日本プロ野球（NPB）で3年目のシーズンを過ごしていたバースは、すでに「日本のしきたり」を理解していたのだ。

くしくも、バースを5打席連続で敬遠したジャイアンツを指揮していた監督が王だった。

バースの記録達成がかかった試合前、報道陣に「（自身の記録を守るために）まさか敬遠するんじゃないですよね」と聞かれた王は「するわけないだろ。そんなことをしてまで記録を守って、何の意味があるんだ」と答えたという。しかし、当時ジャイアンツに在籍していたアメリカ人投手のキース・カムストックは後日、その試合で「バースにストライクを投げると、一球につき罰金1000ドルが課せられていた」ことを明らかにしている。指示を出したのは王ではなく、投手コーチの堀内恒夫だったようだが、その堀内は渡邉恒雄をトップに据えたジャイアンツの親会社、読売グループの幹部から指令を受けていたとされる。それはオーナー企業による現場への過剰介入であり、スポーツマンシップに反する行為だが、日本球界で絶対的な権力を持つ「ナベツネ」に逆らえる人間など誰もおらず、かくして指令は遂行された。

もっとも、自身が敬遠を指示したことを否定した王だが、カムストックと同じく当時ジャイアンツの選手だったウォーレン・クロマティは著書『さらば　サムライ野球』で、王は明らかにバースを意識していた、と書いている。王は自ら敬遠を指示したわけではなかったのかもしれないが、目の前で自軍の投手陣が敬遠するのを見ていたことに違いはない。読売グループの意向には逆らえない自分に歯がゆさを感じていたのかもしれないし、あるいは内心ホッとしていたのかもしれない。

「ジャップにタイトルを獲らせるな！」

バースの5打席連続敬遠からさかのぼること8年前、1977年に日米野球文化の違いについて記した一冊の書籍が刊行された。タイトルは『菊とバット』だ。

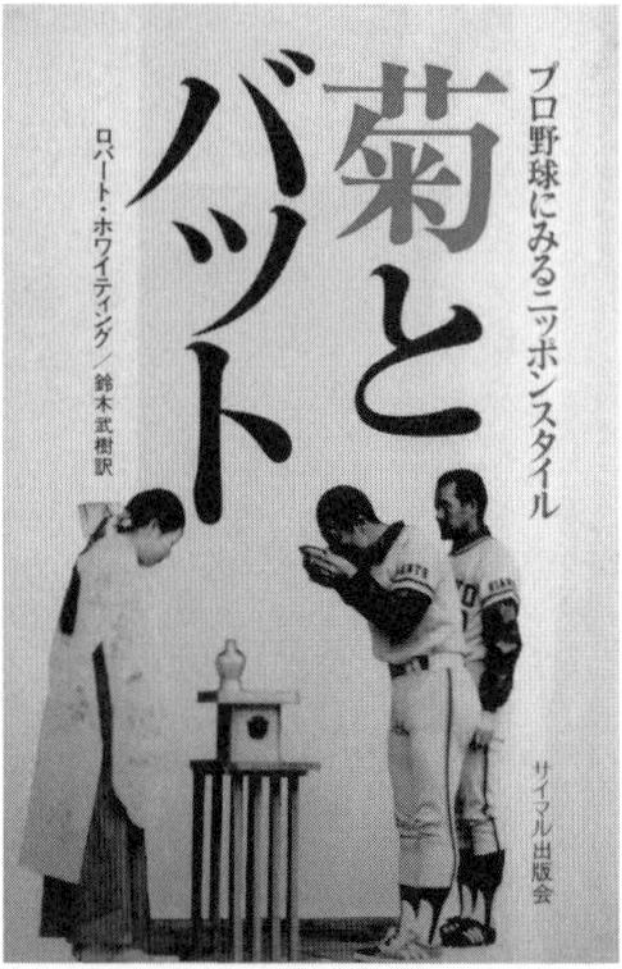

ロバート・ホワイティング『菊とバット』1977年

この本の著者は、アメリカ人作家のロバート・ホワイティング。彼は1962年、19歳のときにアメリカ空軍諜報部員として東京にやってきた。オリンピックを控えた東京の熱気に魅了されたホワイティングは、除隊後も日本に住み続け、上智大学で政治学を学んだ。在学中、アメリカへ赴任予定だった読売新聞社勤務の渡邉恒雄、つまり「ナベツネ」に英語を教える家庭教師のアルバイトもしていたという。大学卒業後は『ブリタニカ百科事典』日本版の編集者として働いていたが、やがて「ガイジンであることにうんざり」してアメリカに帰国。母国で日本の話をしても誰も興味を持たなかったが、野球の話をするとアメリカ人も興味を示すことに気づき、日本野球を紹介する本を書こうと思い立つ。まず英語で書き、やがて日本語版も出版された。それが『菊とバット』というわけである。

『菊とバット』というタイトルは、第二次世界大戦中の日本人の思考や行動様式を人類学的視点から分析した1946年に刊行されたルース・ベネディクトの名著『菊と刀』をもじったものだ。『菊と刀』は、アメリカ人からすると理解に苦しむ日本人の国民性について分析したものだが、『菊とバット』もやはり同様のスタンスで書かれている。アメリカの野球は「楽しむ」ものだが、日本の野球は「苦しむ」ものであり、ホワイティングはそこに「武士道」を見いだした。本書には、当時まだ現役選手だった王が日本刀をバットに見立てて、正しい打撃フォームを身体に覚えさせるために刀を振り下ろそうとしているモノクロ写真が載っている。日本野球において「バット」は「刀」である、という着想から生まれた『菊とバット』というタイトルは、ユーモラスながら的を射た表現だ。

『菊とバット』を発表後、ホワイティングは再び日本を拠点に、ジャーナリストとして日本野球の取材を続けていた。そして1985年、自身と同じアメリカ人であるバースが露骨な敬遠策によって本塁打記録を阻止される光景を見ていた。見ながら、こんなことを考えた。もし逆に、日本人選手がメジャーリーグ（MLB）でホームラン王のタイトルを獲りそうになったりしたら、何が起きるのだろう、と。

「いちど、クリート・ボイヤーに次のような質問をしたことがある。もしも日本人の選手がメジャー・リーグに入り、ホームラン王のタイトルを獲りそうになったり、メジャー・リーグの記録を破りそうになったら、アメリカではどんなことが起こるだろう？『ピッチャーは、そのバッターとまともに勝負するだろうか？』と、わたしは訊いた。『いや、答えはノーだな』と、ボイヤーはいった。『何人かのピッチャーは勝負しないだろう。そのうえ、〝ジャップにタイトルを獲らせるな！〟という連中もいるよ……』」

（ロバート・ホワイティング『和をもって日本となす』、1990年）

クリート・ボイヤーは1955年からMLBで17年間プレーした後、日本の大洋ホエールズ（現・横浜DeNAベイスターズ）で4年間プレーし、引退後はホエールズのコーチを務めた人物だ。同時代に日本球界でプレーした多くの外国人選手と同じく、日本で「ガイジン」選手として差別的な扱いを受けたと感じていたボイヤーは、もし日本人選手がアメリカでプレーしたら、やはり差別的な扱いを受けるだろうと考えていた。当時はまだ、ＭＬＢでプレー経験のある日本人選手が、１９６０年代にサンフランシスコ・ジャイアンツで2シーズンだけプレーした村上雅則しかいなかった時代だ。上記の会話が交わされた１９８０年代後半、日本の野球選手が海を渡ってメジャーで活躍するなんてあり得ない話だと、多くの人が考えていた。

　さて、それから30年以上の時を経て、本当に日本人選手がメジャーリーグでホームラン王のタイトルを争う日が訪れるとは、ホワイティングもボイヤーも想像していなかったに違いない。

　２０２３年、日本人として史上初めてＭＬＢのホームラン王に輝いた大谷翔平が、メジャーで最初にホームラン王を争ったのは２０２１年だった。この年、大谷はシーズン前半戦だけで33本のホームランを放ち、リーグ単独トップに立っていた。投打二刀流で選出されたオールスターでは、日本人選手としてはじめてホームランダービーに出場し、推定飛距離１５０ｍを越える特大ホームランを連発した。そのシーズン、大谷は日本人選手として初のホームラン王どころか、アメリカンリーグ新記録の62本塁打さえも射程圏内に捉えていたが、後半戦は13本塁打と失速。結局、ホームラン王のタイトルはトップと2本差で逃す。

後半戦で失速した原因は、大谷と対戦する投手たちがほとんどストライクを投げてこなくなったことだ。オールスター後は敬遠を含む四球が激増し、9月には3試合で11四球というMLBタイ記録も樹立。日本のメディアも米国のメディアも、大谷があまりにも危険な打者であることを多くの投手たちが理解して、勝負を避けるようになったのだと論じた。あるいは、大谷の前後を打つはずのマイク・トラウト、アンソニー・レンドンといった強打者たちが相次いで故障離脱し、相手投手は大谷と無理に勝負する必要がなくなったという影響があったかもしれない。おそらくはその両方が理由だろう。

もしかするとボイヤーが30年以上も前に言った通り「『ジャップにタイトルを獲らせるな!』という連中」がいたのだろうか?

人種差別への風当たりが強い今日のアメリカで、そんなことを公言する選手や監督はいないので(まれに失言する選手はいるが、厳しいペナルティを受ける)、実際のところはわからない。しかし、黒人差別に抗議する「ブラック・ライブズ・マター」運動の盛り上がりや、その反動とも言える白人至上主義団体やネオナチの台頭、ヘイトスピーチの蔓延などを見ていると、アメリカでは今も人種差別的な考えを抱く人が少なくないことは確かだ。

少なくとも２０００年代前半、まだ野茂英雄のデビューから10年と経っていないころは、ＭＬＢの現場では日本人の選手やスタッフが差別を受けることは珍しくなかった。

「白人至上主義者」の監督に差別された日本人メジャーリーガーたち

２００１年、イチローとともに「日本人野手初のメジャーリーガー」として海を渡った新庄剛志は、ニューヨーク・メッツで計２シーズン、サンフランシスコ・ジャイアンツで１シーズンをプレーした。２００２年にジャイアンツ、そして２００３年にメッツで新庄の通訳を務めた小島克典は、新庄と自身は人種差別を受けていたと語る。

たとえば、ＭＬＢでは「クラビー」と呼ばれるクラブハウスの用具係が毎日、選手たちのユニフォームを用意して各選手のロッカーに掛けておくが、ある日のこと、新庄と小島のユニフォームだけ用意されていないことがあった。そのことを小島がクラビーに指摘すると、彼は「ああ、忘れてた」と悪びれる様子もなく、嫌々といった表情でユニフォームを手渡したという。ユニフォームだけでなく、1か月に2度渡される給与のペイチェック（支払い小切手）が渡されないことすらあったとか。それは明らかに「黄色人種への嫌がらせ」だったと小島は言う。

こうした露骨な嫌がらせは、主にクラビーなど裏方のスタッフによるものが多かったそうだが、フィールドで共に戦うチームメイトや監督、コーチによる差別もなかったわけではない。日本人や韓国人などのアジア人選手とは口をきこうとしない白人選手、さらには白人選手を優先的に使う監督もいた。

2003年メッツの監督だったアート・ハウは、小島の目に「白人至上主義者」と映った。ハウは、その年のオープン戦で首位打者だった新庄を開幕スタメンから外した。故障していたわけでも、何らかの事情でプレーに支障があったわけでもない。小島によると、ハウは明らかに白人選手を優先的に使っていたという。新庄はその年、メジャー3年目にして初めてマイナーリーグでシーズンの大半を過ごし、翌年には日本球界に戻ることになる。小島は新庄とともにマイナーリーグの球場をバスで転々とする生活を送り、そのころのエピソードを著書『夢のとなりで―新庄剛志と過ごしたアメリカ滞在記』に記している。

新庄は翌年、日本球界復帰1年目のオールスター戦で「これからはメジャーでもありません。セ・リーグでもありません。パ・リーグです！」と高らかに宣言したが、その言葉の裏にはもしかすると、ＭＬＢに対する失望があったのかもしれない。新庄は２０００年オフにＦＡ権を取得した際、日本球界に残っていれば総額10億円前後の複数年契約が見込まれていたにもかかわらず、ＭＬＢ最低年俸である２２００万円の１年契約でメッツに移籍したのだ。お金や生活の安定よりも、夢とロマンを追いかけたことは明らかだった。移籍会見で「やっと自分に合った野球環境が見つかりました。その球団とは、ニューヨーク・メッツです」と発言した新庄は、日本球界に居心地の悪さや窮屈さを感じていたと同時に、ＭＬＢでプレーすることに大きな期待を抱いていたはずだ。

新庄が移籍した当時のメッツの監督は、日本の千葉ロッテ・マリーンズで監督を務めたボビー・バレンタインだった。右も左もわからないメジャー1年目の新庄にとっては、やりやすい環境だっただろう。実際、新庄はメッツで期待以上の活躍をし、シーズン後半にはプレーオフ争い真っただ中のチームで打線の中軸を務めた。お尻や太ももが大きくなるとジーンズが似合わなくなるから下半身の筋トレはしない、と公言していたしゃれ者の彼は華やかな大都会ニューヨークでの生活も大いに気に入り、２００２年にサンフランシスコで1年間プレーした後は再びFAでメッツに復帰した。しかし、このときのメッツにバレンタイン監督はもはやおらず、ハウが監督になっていた。

ハウが「白人至上主義者」であることは、新庄も小島も本人に会うまで知らなかった。ハウは2002年までオークランド・アスレチックスの監督を務めており、スモールマーケットの貧乏球団であるにもかかわらず2000年から3年連続でチームをポストシーズン進出に導いた。2011年にブラッド・ピット主演で映画化された『マネー・ボール』は、アメリカの人気作家マイケル・ルイスが2000年代前半のアスレチックス快進撃の舞台裏を描いたノンフィクションだが、そのチームを指揮していたハウも、もちろん登場する。ただし、あまり良い描かれ方はしていない。

映画では、オールドスクールで保守的な野球人である元メジャーリーガーのハウが、当時は斬新だったセイバーメトリクスに基づく選手起用を求めるビリー・ビーンGMと頑なに対立する様子が描かれている。この映画に登場する、いかにも頑固で丸々と太ったハウの姿を見ると、彼が「白人至上主義者」であると言われてもすんなり受け入れられそうな感想を抱く。

ビーンGMと対立していたとはいえ、結果的にはアスレチックスで大成功を収めたハウだが、メッツでは思うような成績を残すことができず、２シーズンで監督を退任した。１年目は新庄、そして2年目には松井稼頭央がチームに所属していた。松井は２００３年オフ、日本人内野手としては初のメジャーリーガーとして鳴り物入りでメッツ入りした。松井はメジャー1年目の２００４年、開幕戦で初球先頭打者ホームランを放つ離れ業をやってのけ、かつてイチローが見せたような大旋風を巻き起こすかに思われた。しかし、その後は尻すぼみだった。ＭＬＢの特徴である天然芝での内野守備に苦戦し、日本でゴールデングラブ賞を4度獲得したショートの守備でエラーを連発。打撃不振と故障も重なり、ベンチを温めることが多くなった。

結果が出ていなかったので致し方ない処遇かとも思われたが、ハウの人間性を知る小島の目には「ハウが松井を見切るのは早かった」と映った。まだメジャーに適応しようとしている段階だったから、もう少し辛抱強く起用されるべきだった、と。当時のメッツにはホセ・レイエスという、松井と同じショートを守る将来のスター候補がいたこともあるが、松井は早々に「ショート失格」の烙印を押され、メッツでの2年目はセカンドにコンバートされた。日本では史上最高レベルのショートと見られていた松井がこのような扱いを受けたことは、日本の野球ファンを少なからず落胆させた。もっとも松井は後年、コンバートされたセカンドでメジャーでもトップクラスの守備力を誇るようになり、ヒューストン・アストロズに所属した2009年にはゴールドグラブ賞にノミネートされている。

「白人用」と「黒人用」に分かれているマイナーリーグのバス

当時のMLBでは日本人やアジア人に対する差別だけでなく、黒人差別も依然として存在した。

2002年、新庄が所属するジャイアンツはワールドシリーズに進出し、新庄はワールドシリーズに出場する最初の日本人選手となった。当時のチームの中心は、前年にシーズン73本塁打のMLB記録を樹立したバリー・ボンズと、強打の内野手ジェフ・ケント。ボンズは黒人で、ケントは白人だ。小島によると、この二人のスーパースターは試合中のダグアウトなどで度々けんかをし、人種差別的な言葉も頻繁に飛び交っていたという。たとえばある試合で、守備でのミスを巡ってケントがほかの白人選手と口論していた。そこに、その日ホームランを打って上機嫌だったボンズが仲介に入った。すると、ケントが「ブラック（黒人）は引っ込んでろ」というようなことを言って、たちまちボンズとけんかになったという。まるでハリウッド映画のベタなワンシーンだが、こうした選手同士のいざこざは日常茶飯事だった。

野球＝ベースボールはそもそも「白人のスポーツ」として発展した歴史があり、１９４７年に「黒人初のメジャーリーガー」ジャッキー・ロビンソンが登場するまで、黒人にメジャーでプレーする機会は与えられなかった。それまで黒人は「ニグロリーグ」という黒人専用のリーグでプレーをしていた。ロビンソンの登場以降は黒人だけでなくヒスパニックの選手も増えていき、ＭＬＢで人種差別はなくなったとされている。だが、それは表向きの話で、実際には新庄がプレーした当時も根強く残っていた。

たとえば小島によると、新庄がマイナーリーグでプレーしていた２００３年、メジャーを夢見る若い選手たちが集うマイナーリーグでは、遠征移動用のバスが「白人用」と「黒人用」に分かれていた。１９６０年代にアメリカを席巻した公民権運動の発端は、アラバマ州である黒人女性がバスに乗車中、白人に席を譲るよう命じられたことを拒否したことからだったというエピソードを思い出させる話だ。もっともマイナーリーグのバスは、黒人が白人に席を譲ることが求められていたのではない。ただ両者の乗るバスが分かれたという話なので、これは単に「区別」であって「差別」ではないのかもしれない。実際、選手たちからの文句や不満の声もとくになかったようで、むしろ人種でバスが分かれていたほうが当の本人たちは気楽だったのかもしれない。ちなみに2003年にマイナーリーグへ降格した新庄は「自分は（白人用バスと黒人用バスの）どっちに乗ればいいの？」と戸惑いを隠せなかったという。黄色人種のことまでは考えられていなかったようだ。

黒人にせよヒスパニックにせよアジア人にせよ、実力さえあればMLBでプレーする機会は（ほぼ）均等に与えられるようにはなったが、ダッグアウト内および球場内での差別やヘイトスピーチが根絶されたわけでは決してない。たとえば2020年から2シーズン、日本のオリックス・バファローズでプレーした黒人選手のアダム・ジョーンズは、MLB時代にスタンドのファンからバナナを投げ込まれた（この行為は黒人に対する侮辱と考えられている）。日本人選手でも、たとえばダルビッシュ有がワールドシリーズで相手選手からアジア人に対する侮辱とされるジェスチャーを受けて問題になったり、大谷が公の場で英語を話さないことに苦言を呈したアナウンサーが謝罪する羽目になったりもした。

MLBはアメリカという国家同様に「人種のるつぼ」「人種のサラダボウル」であり、それが世界最高のプロ野球リーグとしての品質とブランドイメージを担保しているが、その歪みがどこかで露出してしまうのも事実だ。人種差別が決してなくならないからこそM

ＬＢは毎年、かつてジャッキー・ロビンソンが初の黒人選手としてフィールドに立った4月15日に「ジャッキー・ロビンソン・デー」と銘打って、人種差別に打ち勝つことの重要さを改めて啓蒙する機会を持ち続けているのだろう。

前述のようにダルビッシュや大谷は、人種差別的な言動の対象になったことがある。また、新庄や松井稼頭央は「白人至上主義者」であるハウ監督により不当な扱いを受けていた。イチローも現役時代「日本人はナメられている」といった趣旨の発言を度々しており、各国のナショナリズムが剥き出しになるワールド・ベースボール・クラシック（ＷＢＣ）では並々ならぬ意欲をもって日本を2大会連続優勝に導いた。黒人選手と同じように、あるいは少し違ったかたちであるにせよ、日本人もＭＬＢで人種差別を受けてきた。

もっとも、イチローや新庄がデビューした20年以上も前と比べたら、今はそれほど露骨な差別はないだろう。この20年で世界は大きく変わった。今日、アメリカを含む欧米諸国では「リベラル」が支配的なイデオロギーとなり、人種や性的マイノリティに対する差別など「ポリティカル・コレクトネス」に反する言動は即座に叩かれる。また、今のＭＬＢでプレーする20代、30代の選手たちは、子どものころに野茂やイチローの活躍を見て育った世代でもある。彼らは日本に多くの優れた野球選手がいることを知っているし、野茂やイチローに憧れて育った選手も多いだろう。

「球団記録」ですらない村上宗隆の56本塁打が騒がれるワケ

日本人である僕らはもちろん、外国で、それもフェアプレーが前提であるスポーツの世界で日本人が差別されるなんてことを望んではいないし、ましてや「ジャップにタイトルを獲らせるな!」なんてことがあってはならないと思う。一方で僕らは、日本のプロ野球で「ガイジンにタイトルを獲らせるな!」という、どう考えても差別的な文化があったこと(あるいは現在もあること)を知っている。

前述のように1985年にランディ・バースは、5打席連続敬遠という露骨な方法で、王貞治が持つ本塁打記録の更新を阻止された。歴史は繰り返され、2001年にはタフィー・ローズ(大阪近鉄バファローズ)、2002年にアレックス・カブレラ(西武ライオンズ)がそれぞれ王に並ぶ55本塁打を放ったが、シーズン終盤は真っ向勝負を避けられ、いずれも55本止まりだった。「シーズン55本塁打という王さんの記録は神聖な記録であり、日本人以外の誰かに破られてはならない」という信仰(と言うべきであろう)は21

世紀になっても根強くあった。もっとも王の父親は中国人で、そのルーツは現在の台湾にあり、王貞治自身は「国籍」問題で早稲田実業時代、国体の硬式野球高校部門に出場できなかった過去がある。

日本球界では多くの審判が外国人選手に不利な判定をしていた（あるいは今もしている）というのも有名な話だ。『菊とバット』を執筆したホワイティングがまとめた、かつて日本でプレーした外国人選手たちの発言や手記に目を通す限り、１９６０年代から80年代にかけて日本でプレーした外国人選手の多くが「外国人打者のストライクゾーンは（日本人よりも）広い」と述べている。もしかしたら、日本で思うような成績が残せなかった選手たちの言い訳や負け惜しみも含まれているかもしれないが。

本塁打記録の話に戻ると、ついに２０１３年、東京ヤクルトスワローズのウラディミール・バレンティンが60本塁打を放ち、日本記録を打ち立てた。バレンティンの快挙は日本人の大半が祝福し、記録を破られた王も「２試合にほぼ１本のホームランは驚異的なペースであり、プロ野球新記録といった話題をも超越した圧倒的な数字」とコメントを寄せた。すでにメジャーで多くの日本人選手が活躍していたこの頃には「日本人の記録を守ろうとするなんてナンセンスだ」という考えがマジョリティになっていたのだ。

バレンティンが日本で60本塁打を放ったこの年、海の向こうではアメリカンリーグのサイ・ヤング賞投票で上位3人のうち2人を日本人投手が占めた（ダルビッシュ有と岩隈久志）。ボストン・レッドソックスのクローザーを務めていた上原浩治は、その年のワールドシリーズで最後のアウトを取り、「胴上げ投手」になった。前年からニューヨーク・ヤンキースに移籍したイチローは、日米通算4000本安打の金字塔に迫っていた。そしてオフには田中将大がヤンキースと7年総額1億5500万ドル（約161億円）という破格の契約を結んだ。

アメリカで多くの日本人選手がタイトルを争い、新記録を打ち立てようとしているときに、日本で外国人選手の記録にとやかく言っていたらおかしいだろう。こうした時代背景もあり、バレンティンの記録は日本で好意的に受け入れられた。

もっともバレンティンはアメリカ人ではなく、カリブ海に浮かぶオランダ王国を構成するキュラソーの出身だった。おそらく日本人の大半はキュラソーが地球のどこにあるのかも知らないし、バレンティンが日本に来るまでその国名を聞いたこともなかった人が多いだろう。バレンティンが「外国人」であることは間違いないが、もし彼が「金髪で青い目をした白人」だったら日本人の反応は少し違っていたかもしれない。日本人の「ガイジンにタイトルを取らせるな」における「ガイジン」とは、暗にアメリカ人を想定している場合が多い。言い換えると、第二次世界大戦で日本を焼け野原にし、その後も日本を占領し、今も実質的に日本を支配し続けている国の男たち、だ。

バレンティンの活躍によって「外国人選手が王さんの記録を超えてはならない」という〝タブー〟はなくなったが、日本人選手と外国人選手の記録はいまだに区別される。

2022年、やはりスワローズの村上宗隆が王のシーズン記録を破る56本塁打を放ち大きな注目を集めたが、これは「日本人の最多本塁打記録」だった。もし人種や国籍のことを考えなかったら、村上の56本塁打があれほど騒がれたのはおかしい。球史に残る素晴らしい活躍であったことは間違いないが、村上と同じくスワローズでプレーしていたバレンティンが60本を記録しているため、村上の56本は日本記録でもなければ、セ・リーグ記録でもない。さらに言うと球団記録ですらないのだ。

あくまでも「日本人としての記録」にすぎない村上の56本塁打がビッグニュースになったことは、僕らが今も「日本人選手」と「外国人選手」の間に明確な一線を引いていることを示している。日本人選手と外国人選手の記録は別カテゴリーなのだ。

たとえばドミニカ共和国の選手がメジャーで歴代最高記録を保持していたとして、あるアメリカ人選手が「アメリカ人として最高記録」をマークしたところで大騒ぎするだろうか？　おそらくしないだろう。スポーツニュースの見出しくらいにはなるかもしれないが、村上の56本塁打がワイドショーをジャックしたような騒ぎにはならないはずだ。

ちなみに村上が「日本人としての記録」を叩き出した2022年、メジャーではヤンキースのアーロン・ジャッジがアメリカン・リーグ新記録となるシーズン62本塁打を放った。アメリカでは人種や国籍に関係なく「リーグ記録」を打ち立ててようやく、『ニューヨーク・タイムズ』が一面で紹介するレベルのトピックになる。

スポーツは「性」を連想させる

MLBのような国際性の高いスポーツリーグの魅力は、人種や国籍にかかわらず才能ある選手が世界中から集い、同じフィールドで切磋琢磨する姿を見られることだ。肌の色や母語、育った文化が異なる選手たちが同じチームの一員として、共に勝利を目指す姿にファンは感動を覚える。

一方、日本における「大谷フィーバー」やサッカーワールドカップにおける各国の熱狂を見るとわかるように、スポーツは人々の愛国心を強く刺激し、時に過激なほどのナショナリズムを喚起する。僕らは「アスリートの素晴らしいプレーに肌の色は関係ない」と思いつつ、人種や国籍に強く執着しながらスポーツを見ているのだ。「スポーツと政治は関係ない」という崇高な理念が掲げられる一方で、スポーツの現場は常に何らかの政治色を帯びる。

僕らはスポーツを見るとき、なぜ人種や国籍にこだわるのだろうか？

「同胞の活躍は嬉しい」という話だといえばそれまでだが、ときに「代理戦争」とも言われるスポーツは人間同士が身体能力を競うものであり、そして人間の身体能力は人種や遺伝子と深く関係している、と僕らは考えている。たとえば、マラソンや短距離走などの陸上競技は概して黒人選手の独壇場だが、それは彼ら彼女らの「生まれもった身体が違うから」と多くの人は思っている。日本人がどんなに努力してもケニアの陸上選手には敵わない、なぜなら生まれもつ身体が違うから……と。

実際、身体能力や身体的な特徴には個人差と同時に人種間の差が存在する。オランダ人の平均身長は男女ともに日本人より10㎝以上高いが、この現実をたとえば「オランダ人は牛乳をよく飲むから」といった後天的、環境的要因では説明しきれない。黒人が陸上長距離走に強いのは「幼少期から広野や高地を走って鍛えられているから」と言ってもいまいち説得力に欠ける。生まれつき、遺伝的に何かが違う、と考えざるを得ないものがある。

僕らがスポーツを見るときに人種や国籍にこだわるのは、もちろん政治的な理由もあるだろうが（たとえば「ライバル韓国には負けたくない！」とか）、それ以上に自身の「遺伝子」が優れていることを証明したいからではないだろうか？

たとえば大谷の活躍は「日本人の遺伝子」が優れていることを世界に示している、と僕ら日本人は心のどこかで思っているかもしれない。こんな「優生思想」じみた考えは今日のリベラルな世の中で安易に公言はできないが、自分の遺伝子が優れていると示すことはあらゆる生物にとって重要なことだ。オスは自分の遺伝子がいかに優秀であるかをあの手この手で示し、繁殖のパートナーであるメスの獲得に励む。メスもメスで、優秀な遺伝子を持つオスをあの手この手で見極める。「自分の遺伝子を後世に残したい」というのは、人間を含むあらゆる生物の根源的な欲求だ。

僕らがスポーツを通じて、時にファン同士の乱闘騒ぎになるほど熱狂するのは、それが自分の遺伝子を後世に残せるかどうかを賭けた戦いだからかもしれない。お互いの身体能力を競うゲームであるスポーツは、否応なしに「性」を連想させる。そして性を巡る（多くの場合オス同士によるʼ戦いは、時に殺し合いにまで発展する。

大谷は「最強のオス」

ＭＬＢのクラブハウス（ロッカールーム）に入ると、スポーツが性を連想させることを肌で感じることができる。

２０１２年9月、僕はオンラインメディア「日刊ＳＰＡ！」の記者として、当時ダルビッシュ有が所属していたテキサス・レンジャーズの本拠地を訪れた。当時25歳、ＭＬＢのクラブハウス（ロッカー）に入るのは初めてだった。ＭＬＢでは試合前と試合後はクラブハウスが記者たちに開放され、選手たちへの取材が許可される。訪問初日のナイトゲーム後、レンジャーズのクラブハウスに足を踏み入れたときに思わずドキッとしてしまった。多くの選手がパンツ一丁、もしくはシャワーを浴びた後にタオルを腰に巻いただけという「ほぼ全裸」姿でクラブハウス内をウロウロしていたり、地元紙記者のインタビューに答えていたりしたからだ。

彼らは平均して身長１９０cm、体重90kgくらいの超大男たちである。そんな男たち、しかもその無防備な姿は、僕にとって強烈なビジュアル的インパクトがあった。「最少限の布地をまとった」大男たちに向かって、小柄な女性レポーターが堂々とマイクを向けている姿などを見ると「大した度胸だな」と感心してしまった。あるいは女性だからこそ、変に臆することなく選手たちの懐に飛び込むことができたのかもしれないが。記者として選手たちに聞いた話よりも、このクラブハウスの光景のほうが僕にとっては印象的だった。

レンジャーズのクラブハウスで体感したのは、圧倒的にマスキュリン（男性的）な空間に漂う威圧感のようなものだったかもしれない。身長167㎝、体重54kgしかない僕は、筋骨隆々の大男たちに囲まれると圧倒的に小さい。自分の倍ほどの体重がある大男たちを取材するにあたっては、インタビューの技術や英語力だけでなく、変に気後れしない度胸と勇気がいるように思えた。

改めて、スポーツは身体能力を競うゲームであり、それゆえに性を連想させる。

僕はここに、日本における「大谷フィーバー」の本質が潜んでいるのではないかという気がしている。メジャーリーガーにあっても突出した身体能力がある大谷は文句なしに「最強のオス」であり、その事実は「日本人男性は優れたオスである」という可能性を示唆している。だから日本人は大谷に熱狂するのだ、と。

日本は現在、超高齢社会が進行する、それはつまり「繁殖に行き詰まっている社会」ということだ。このままでは自分たちの遺伝子を後世に残せないかもしれない、という「絶滅の危機」に瀕している。そんな状況下で僕ら日本人は、大谷のような「優れたオス」を本能的に求めているのかもしれない。

日本人選手のイメージを刷新した大谷のパワー

大谷が野球選手として備える最大の特徴は、その圧倒的なまでの「パワー」だ。

まず打者として、２０２３年のＭＬＢで最長飛距離ホームランを記録したほどの、打球を果てしなく遠くへ飛ばす力。そして投手として、試合後半になっても時速１００マイル（約１６１㎞）を超える剛速球を投げ込む馬力とスタミナ。長らく日本野球の代名詞だった「スモールベースボール」ではなく、大谷はあくまで「パワー」でＭＬＢの頂点に君臨している。そうした事実に僕ら日本人は興奮し、アメリカの野球ファンも驚いている。

大谷が打者として46本塁打、投手として９勝の活躍で自身初のＭＶＰを受賞したのが２０２１年。その20年前、２００１年にイチローが日本人選手として初めてＭＶＰを獲得した。

イチローは野球において考え得る限りのプレーを超ハイレベルにこなす万能選手だったが、唯一欠けていたのが「パワー」だった。バットコントロールは抜群にいい、足も抜群に速い、肩も抜群に強い、守備も抜群に上手い、でも長打力がない。それがイチローという選手のイメージであり、実際にそうだった。それは数字を見れば一目瞭然だ。MLB通算19年間で3089安打を放ったが、本塁打はわずか117本。大谷が2021年から2023年にかけての3年間で放った124本よりも少ない。イチローがシーズン10本以上の本塁打は放ったのはたったの3度だ。

イチローの魅力は言うまでもなく、長打力よりもシュアな打撃、そしてスピードと華麗な外野守備だったが、多少粗削りでも長打力がもてはやされる21世紀のMLBにおいて、イチローのパワー不足は批判されることが少なくなかった。10年連続200安打は確かにすごい記録だが、その多くは足で稼いだ内野安打で、一発で試合を決めるような長打はほとんどないじゃないか、と。

試合では長打の少なかったイチローが、試合前の打撃練習ではサク越えを連発していたのは有名な話だ。現役引退後は毎年、草野球チーム「イチロー選抜KOBE CHIBEN」

を率いて高校野球女子選抜チームと試合を行っているが、その試合前のフリー打撃でもやはりサク越えを連発している。50歳とは思えないパワー。現役時代のイチローが試合であまりホームランを打たなかった（打てなかった）理由のひとつは、ホームランよりもヒット狙いを重視していたからだろう。イチローがもしホームランを狙うようになればシーズン30発は余裕で打てる、と言う人もいた。

しかし、もしホームラン狙いの打撃で打率が下がってしまうならそれまでの話だ。たとえばイチローと同じ2001年にデビューした強打者アルバート・プーホルスは毎年、打率3割以上のハイアベレージを保ちながらシーズン30本以上のホームランを量産した。ボンズやマニー・ラミレス、デービッド・オルティス、アレックス・ロドリゲスといった同時代の超一流スラッガーたちも同様だ。彼らはMLBでもトップ・オブ・トップの選手たちだが、少なくとも総合的な打撃力を見た場合、イチローの成績は彼らに遠く及ばない。もっともボンズやラミレス、ロドリゲスら、イチローと同時代に活躍したスラッガーたちの多くは違法薬物、ステロイドの使用疑惑があり、彼らの功績を手放しで称賛することはできないのだが。

以上の話は決してイチローの功績を軽視するものではない。彼がアメリカ野球殿堂入りに値する選手であることは疑いの余地がない。ただ事実として、彼はMLBの花形であるスラッガータイプの選手ではなかった。そしてイチローの活躍はあまりにセンセーショナルだったため、アメリカの野球ファンは「日本人の打者はコンタクトが巧みで、スピードがあって守備もうまいがパワーには欠ける」というイメージを持つようになった。イチローが「日本人野手」の代表的な存在になったのだ。実際にイチロー以外の日本人野手もこれまで、たとえば松井稼頭央や西岡剛、青木宣親、川﨑宗則ら「俊足巧打」タイプの選手が多かった。日本野球の十八番は「スモールベースボール」であるという認識が、日本人にもアメリカ人にも浸透していた。

「今まで見たなかで最も身体能力に恵まれた野球選手」

そんななかで大谷は、従来の「日本人野手」のイメージを完全に破壊した。

MLBで自身初のMVPを獲得した2021年の大谷は、投手として以上に打者としての活躍が目覚ましかったが、その打撃スタイルはハッキリ言って「大型扇風機」だった。メジャー3位の46本塁打を放つ一方で、189三振はメジャーワースト4位。バットの芯に当たった打球は軽々とスタンドまで飛んでいくが、ボールがバットに当たらないことも多い。その打撃スタイルは素人目に見たら「イチローの真逆」とも思えるものだった。２０２１年の大谷は、過去の日本人メジャーリーガーにはいないタイプの打者だったのだ。

ホームランや三振の数といった「結果」だけでなく、それらの結果をもたらした「過程」の数字も凄かった。具体的には、２０１５年からＭＬＢが最新テクノロジーを駆使して計測を開始した「打球速度」や「バレル率」といった指標において、軒並みメジャー屈指の数字を残したのだ。「打球速度」は打球がバットから放たれた瞬間の初速を表し、「バレル率」は簡単に言うと「ホームランになりやすい打球」を放つ確率である。これらの指標は打率やホームラン数といった従来のスタッツよりも純粋に打者としての能力を表すとされているが、２０２１年の大谷は「打球速度」の平均が93・6マイル（約１５０・７㎞）でメジャー全体の上位３％に入り、「バレル率」22・３％はメジャーでトップだった。並みいる強打者のなかでも、大谷は突出して「強い」打球を飛ばしていたのだ。

これらの数字は大谷がいかに「身体的」に優れたアスリートであるかを物語っている。もちろん野球技術も高いのだが、それ以前にまずフィジカルが圧倒的に強い。

２０２１年5月、9回二死から大谷に逆転2ランホームランを献上したボストン・レッドソックスの投手マット・バーンズは、大谷を「今まで見たなかで最も身体能力に恵まれた野球選手」と評した。特大ホームランを放ったり、時速160㎞の速球を投げたりするには、まず何よりも運良く生まれ持った強靭な肉体が必要で、その上で効率的なトレーニングや技術の向上が求められる。大谷の肉体はまさに「神が与えた」と言うべき、天賦の才ならぬ天賦の肉体だ。前述のように、かのチッパー・ジョーンズも大谷の肉体を「これまで見てきたベストな野球体型のひとつ……彼はアドニス（ギリシャ神話に登場する美少年）だ」と評したほどだ。

日本人パワーヒッターの残念な歴史

2021年に大谷が46本塁打を放つまで、日本のパ

2023年のMLBで最長飛距離となる493フィート（約150m）のホームランを放った大谷（MLB公式サイトより）

ワーヒッターたちはＭＬＢで苦戦してきた。

２００２年にセ・リーグで50本塁打を放ち、その年のオフにニューヨーク・ヤンキースへと移籍した松井秀喜はメジャー１年目の２００３年、わずか16本塁打しか打てなかった。2年目はほぼ倍増となる31本塁打を放ったが、これが松井のメジャー10年間でのキャリアハイ。メジャー通算１７５本塁打は今も日本人選手として歴代最多だが、２０２４年には大谷が抜く公算が強い（２０２３年シーズン終了時点で通算１７１本塁打）。

２０２１年に大谷が、松井のシーズン31本塁打という記録を「オールスター前」に超えた際、松井は「彼のようなバッターにとっては通過点でしかない」とコメントしている。

ちなみに２０１８年にルーキーイヤーの大谷が22本塁打を放つまで、松井以外にシーズン20本塁打を記録した日本人打者はいなかった（２０２３年にはシカゴ・カブスの鈴木誠也も20本塁打を記録）。井口資仁、城島健司、福留孝介、岩村明憲ら日本でシーズン30発以上を放っていた強打者たちは、アメリカでは軒並み「中距離打者」への転換を余儀なくされた。

たとえばメジャー移籍直前の３年間で１０６本塁打を放った元ヤクルトスワローズの岩村は、メジャー移籍後の３年間で14本塁打しか打てなかった。２００８年にはワールドシリーズに出場したタンパベイ・レイズの1番打者として、年間707回も打席も立っていたにもかかわらず、だ。岩村はこの年、172安打を放ったがホームランはわずか6本だった。日本を代表するパワーヒッターだった岩村は、アメリカでは「そこそこ出塁能力の高いリードオフマン」という地味な役回りになった。岩村と同時期にMLBでプレーした井口や福留も、日本で見せていたパワーをアメリカで発揮することはなかった。

過去の日本人スラッガーたちのMLB挑戦を見る限り、日本ではトップレベルだった長打力がアメリカでは並みかそれ以下になってしまうことは明らかだ。たとえばイチローや青木のように、長打力よりもハイアベレージとスピードを武器とするタイプの選手はMLBでも日本時代と同じスタイルで活躍できる。しかし松井や岩村ら、打球をスタンドまで飛ばすパワーを売りにしていた選手はスタイルチェンジを余儀なくされる。日本でシーズン40発や50発を放っていても、メジャーでは20発前後がやっとだ。

日本のパワーヒッターがMLBに移籍したら、本塁打数はだいたいNPB時代の半分以下になると思ったほうがいい。それが過去20年間で日本のスラッガーたちが得た教訓だった。

しかし大谷は、NPB時代のシーズン最多本塁打が2016年の22本だったにもかかわらず、２０２１年にＭＬＢで46本塁打を放った。２０２２年もリーグ4位の34本塁打、そして２０２３年は44本塁打で初のホームラン王に輝いた。大谷はＭＬＢに移籍してホームランの数が半減するどころか、逆に倍増するという離れ業を見せているのである。

ＮＰＢ時代の大谷は打者としての出場機会が限られていたため、一概に比較はできない。とはいえ、２０２１年以降に大谷が見せた長打力は衝撃的だ。本塁打数ではなく長打率を見ても、２０２３年の大谷はメジャートップの・６５４をマークしており、ＮＰＢ時代の最高値である・５８８（２０１６年）をはるかに上回る。過去の日本人パワーヒッターとは逆に、大谷はメジャー移籍後に長距離打者としての才能をフル開花させたのだ。これは大谷が23歳という若さで、選手としてまだまだ成長途上の時期に渡米したことの結果でもあるだろう。多くの日本人野手はキャリアのピーク時か、ピークをやや過ぎたころに渡米している。

いずれにしても大谷は、その圧倒的なパワーを最大の武器としながら世界最高の選手に上り詰めたのだ。そして今日のＭＬＢでは、イチローのように「スピードと技術」を売りにする選手ではなく、あくまでもパワーで勝負できる選手でないと「球界の顔」としては認められない。大谷が名実ともに「球界の顔」になったのは、単に二刀流選手だからではなく、そのパワー溢れるプレースタイルがアメリカの野球ファンを魅了したからだろう。

日本人のパワー不足をハッキリと口にしたダルビッシュ

日本人離れした豪快なバッティングで「非力だがスピードと技術がある」という日本人野手のイメージを覆した大谷は、時速160㎞超の剛速球を投げ込むパワーピッチャーでもある。アメリカでは打者に限らず投手もパワーで勝負できないと、真の一流選手としては認められない。そのことはMLB移籍直後のダルビッシュ有が指摘していた。

身長196㎝、体重100㎏のダルビッシュは大谷と同様、大男揃いのメジャーリーガーたちの間でも背丈が頭ひとつ抜けており、体格は決して見劣りしない。37歳の今でも球速はコンスタントに時速150㎞を超え、また速球の質を測る指標であるスピンレート（ボールの回転数）もメジャーでトップクラスである。しかし、自他ともに認めるダルビッシュ最大の武器は多彩な変化球だ。同じスライダーでも複数の異なる変化を自由自在に操るなど、球種のレパートリーは10種類以上ともいわれる。かつてダルビッシュの捕手を務めていたジオバニー・ソトはある試合で、何度かサインを出すも首を横に振り続けたダルビッシュを見て左手のキャッチャーミットを外し、右手と左手を合わせた計10本の指でサインを出す仕草をしてみせた。「球種が多すぎて片手じゃサインが出せないよ！」というジョークだが、なかなか投げたい球種を投げられずに苛立っていたダルビッシュを和ませようとしたのである。

２０１２年にレンジャーズでメジャー1年目のシーズンを送っていたとき、ダルビッシュは右打者の外角ボールゾーンに逃げていくスライダーを多投していた。変化の大きいこのスライダーはＮＰＢ時代と同様、メジャーリーガーたちから大量の三振を奪った。しかしダルビッシュは、この投球内容に納得していなかった。

「まぁ変化球で逃げ回っていれば、（三振は）取れるんじゃないですか」

奪三振ショーを繰り広げた試合後の記者会見で、当時25歳のダルビッシュは吐き捨てるようにこう言った。本当は速球で真っ向勝負したいけれども、それでは強打者たちを抑えられないから変化球に頼ってしまっており、それは自分の美学に反する、というニュアンスだった。ダルビッシュは当時、こうも話していた。

「日本はハッキリ言ってもう『技術、技術』なので。それだけだとやっぱり、このまま結果を残したとしても、（日本人の評価は）戻らないと思いますね」

「やっぱり体力も対等にいかないといけない。技術じゃなくてパワーでも勝たないといけない」

多彩な変化球が代名詞だったダルビッシュが、意外なほどパワーにこだわっている。ここでの「パワー」とは球威でグイグイ押し、ストライクゾーンで勝負する投球のことだ。変化球で打者のタイミングを外したり、際どいコースをついて打ち取る投球ではなく。変化球中心のピッチングは「逃げ」であり、それで結果を残してもアメリカでは一流投手として認められない。メジャー1年目のダルビッシュはそう感じていたのだろう。

たしかに今日のMLBを見ても、球界トップクラスの投手たちは軒並み剛速球を投げる。ジェイコブ・デグロム、ジャスティン・バーランダー、マックス・シャーザー、サンディ・アルカンタラ、ゲリット・コール、そして大谷……彼らは100マイル前後の速球を軸としたパワーピッチングで相手打者を寄せつけない。決め球となる変化球や制球力、配球センスなども必要だが、まずは圧倒的な球威があってこそ。「世界一の投手になりたい」と言っていたダルビッシュがパワーにこだわっていたのも頷ける。

２０２４年がメジャー13年目、もはや大ベテランのダルビッシュは２０２３年シーズンの開幕前、サンディエゴ・パドレスと6年総額1億８０００万ドル（約１４２億円）という大型契約を結んだ。選手の年齢に対して極めてシビアなＭＬＢで、36歳（契約当時）の選手が得る契約としては破格の条件だ。ダルビッシュ自身も「この年齢で6年（契約）はないこと。いまだに信じられない。みんなでドッキリを仕掛けているんじゃないか」と冗談を口にした。パワーで勝負するメジャー流の投球スタイルを身につけ、それを継続すべく身体のメンテナンスを怠らないダルビッシュが球団から高評価を受けていることがわかる。

２０２３年12月にドジャースと12年総額3億２５００万ドル（約４６３億円）という大型契約を結んだ山本由伸も、身長１７８㎝と小柄ながら１５０㎞台後半の速球を連発するパワーが評価された。山本に限らず、現在の日本球界には１５０㎞を超える速球を投げる若手投手がゴロゴロいる。彼らの多くは世代的に、ダルビッシュや大谷に憧れて育った選手たちだ。ダルビッシュは自身のツイッター（現・Ｘ）などを通じて、投手にとってウエイトトレーニングや栄養管理が重要であること、一方で日本球界の伝統的な「走り込み」

が無意味であることなどを伝えてきた。今の若い投手たちがパワーで圧倒できる力を有しているのは、ダルビッシュの情報発信による影響が大きいだろう。ファイターズ時代に背番号「11」をダルビッシュから引き継いだ大谷も、学生時代に憧れた投手にダルビッシュ有の名前を挙げている。

ちなみに大谷と同学年の投手、藤浪晋太郎はＭＬＢ１年目の２０２３年、シーズン５００球以上投げた投手では歴代11位となる平均球速98・４マイル（約１５８・３㎞）をマークした。コントロールに苦しみ防御率７・18と散々だったが、球威だけを見たら大谷やダルビッシュをも上回る。２０２３年の藤浪はいわば「パワーしかない」投手だったが、こんなワイルドな投手が日本から出てきたことに個人的な興奮を覚える。

もちろん、今後はパワーだけでなくコントロールも磨いて活躍してほしいところだが。

第10章

アメリカ人記者に「ロボット」呼ばわりされる大谷の「追っかけ」

取材対象としての大谷

「野球が国際的なスポーツだということはわかっている。しかし、観客を放送局や球場に引き寄せるための顔としてナンバーワンである選手が、やりとりに通訳が必要だというのは、いいことだとは思えない」

米スポーツ専門局「ESPN」のコメンテーター、スティーブン・A・スミスは2021年7月13日、今やメジャーリーグ（MLB）の顔となった大谷翔平が「やりとりに通訳が必要」な選手であるという事実に苦言を呈した。スミスは「この男（大谷）は特別だ。そこは間違えてはいけない」と前置きしたうえで、以下のように持論を展開した。

「だが、英語を話さず、通訳を必要とする外国人選手のいることが――真偽はともかく――興行面でプラスに働くとしたら、それは野球にとってある程度マイナスだ。（野球界の顔となるのは）ブライス・ハーパー（フィリーズの強打者）やマイク・トラウト（エンゼルスの強打者）のような選手でなくてはならない」

ハーパーとトラウトは、いずれも白人のアメリカ人選手だ。前年、黒人差別に抗議する「ブラック・ライブズ・マター」運動が勃発し、人種差別に対して極めてセンシティブになっていたアメリカでこのコメントは当然のごとく批判され、後日スミスは謝罪した。

この件について大谷は、自身が表紙を飾ったファッション誌『GQ』（前述）のインタビューで、同誌の記者であるダニエル・ライリーから話を振られてこう答えている。

「英語はもちろん話したいし、話せても損はなく、いいことしかない。でも、僕は野球をするためにここに来ました。そして、フィールドでの僕のプレーが、多くの人たち、ファンとのコミュニケーションの手段になると感じています。あの件で僕が考えたのは、そういうことでした」

2024年がメジャー7年目のシーズンとなる大谷は、日常会話程度の英語力に問題はないと言われており、チームメイトたちと通訳を介さずおしゃべりする姿なども頻繁に見られる。ただほかの日本人選手と同様、試合中の重要なコミュニケーションやオフィシャルな記者会見の場では、通訳の力を借りている。微妙なニュアンスが間違って伝わってしまうことや、誤解を招く表現をしてしまうことを防ぐためだろう。

メジャーで19年プレーし、現在はシアトル・マリナーズの会長付特別補佐兼インストラクターを務めているイチローも、あるいは2024年がメジャー13年目となるダルビッシュ有も、オフィシャルな場では基本的に通訳をつけている。彼らが通訳をつけるのは「英語ができないから」ではなく、プロフェッショナルとしての責任を果たすためだろう。公の場で英語で話したほうがアメリカのファンに親しみを持たれるだろうが、それ以上にプロとして仕事を全うすることを優先しているはずだ。チームメイトとのミスコミュニケーションが原因で試合に負けたり、自分の発言が不適切なかたちでメディアに取り上げられたりするリスクを冒す必要はない。

大谷が言う通り、プロ野球選手にとって何よりも重要なのは、人前で英語を話すことではなく、プレーで結果を残すことだ。そして大谷は、フィールドでのプレーこそが「多くの人たち、ファンとのコミュニケーションの手段になる」という自身の考えを口にしている。

確かに僕らは、大谷がインタビューで語る言葉よりもまず、彼の特大ホームランや剛速球に魅了される。大谷の超人的なプレーの前では、言葉が随分とちっぽけなものに思える。

僕らが大谷の言葉に感動したり感心したりするとしたら、それはまず彼のプレーがあるからだ。スーパースターの言葉だからこそ、みんながありがたがる。言葉そのものに価値があるのではなく、プレーあってこその言葉なのだ。

たとえば20世紀後半、マイケル・ジャクソンの音楽とダンスは人種や国籍を超えて人々に感動を与えたが、トップアスリートのプレーにもそれに似たパワーがある。スポーツは単なる競争やゲームではなく、エクストリームな身体表現だ。フィギュアスケートや体操など、芸術性の高い競技は身体表現としてわかりやすいが、野球やサッカーといった競争性の高い競技にも芸術性を見いだすことはできる。大谷にはきっと、自身が野球というスポーツを通じた表現者、あるいはアーティストであるという自覚があるだろう。

大谷は日本語でも英語でも、あまり多くを語らない印象がある。マスコミやスポンサーのインタビューには答えるが、大谷が発する言葉は当たり障りのない、優等生的な内容に終始することが多い。「チャンスで打てたのは良かったかなと思います」「明日も頑張りたいと思います」といった具合だ。ハッキリ言って、コメント自体はあまり面白くない。

ロサンゼルス・エンゼルスの地元紙『オレンジ・カウンティ・レジスター』の記者として、エンゼルスを10年以上取材しているジェフ・フレッチャーは著書『SHO-TIME 大谷

翔平 メジャー120年の歴史を変えた男』で、取材対象としての大谷についてこう書いている。

「そして仮に話したとしても、大谷は囲み取材でお決まりの言葉しか口にしないという定評ができあがっていた。あまりにも感情がこもっていないインタビューが続いたので、『ロボット』呼ばわりする記者までいた」

同じ日本人メジャーリーガーでも、たとえばイチローは現役時代、個性的な表現や独特の言い回しで注目を集めたり、頓珍漢な質問をする記者に「逆質問」して困惑させることもあった。ダルビッシュ有は公式の記者会見でもSNSでも、球界に対して「もっとこうした方がいい」「これはよくない」といった意見を積極的に述べ、賛否両論を巻き起こしてきた。新庄剛志はワールドシリーズ出場後に「五右衛門風呂に入りたい」とコメントして通訳を困らせるなど、毎回のインタビューが一発芸のようだった。

こうした先人たちの個性溢れる言葉遣いに比べると、大谷が発する言葉は極めて平凡で、まるでＡＩが回答しているかのように機械的だ。ＣｈａｔＧＰＴのほうがより気の利いたコメントを返すかもしれない。でも、その言葉の平凡さこそが大谷の、プレーの非凡さをさらに際立たせているという印象もある。

大谷はダルビッシュのように、歯に衣着せぬ発言によって賛否両論を巻き起こすことはしないが、「二刀流」というプレースタイルそのものが賛否両論を巻き起こしてきた。大谷のプレー自体が強烈なメッセージ性を有しているからこそ、彼は言葉で強いメッセージを発する必要がない。大谷はマイクを向けられたときではなく、野球のフィールドにいるときこそ最も雄弁なのだ。

MLBの「日本人村」

もちろん、大谷が自身の考えや感覚を言葉で表現しないわけではない。一部の記者や関係者に対しては、それなりに多くを語っている。たとえば、大谷が15歳のころから彼を取材してきたというスポーツライターの佐々木亨や、イチローをはじめ多くのスター選手たちを取材してきた石田雄太は、それぞれ大谷への継続的なインタビューをもとにした著書を発表している。またNHKは毎年、大谷への独占インタビューをまとめたドキュメンタリーを放送している。
ＭＬＢでは通常、試合前後にクラブハウス（ロッカー）が記者たちに開放され、その間、記者たちは自由に選手たちを取材することができる。しかし、大谷に関してはその限りではない。先のフレッチャー記者は、こう書いている。

「シーズン中は、大谷が取材に応じるのはエンゼル・スタジアムの会見室か、遠征先ならクラブハウスの外にある廊下ということが多かった。そして、ほぼ毎回、背景に大谷のスポンサーとなっている日本企業のロゴが並ぶ看板の前に立っていた。大谷がほかの選手のようにロッカーの前で話すことはほとんどなく、それも、エンゼルスがクラブハウス内を報道陣で混雑させないよう配慮していたからだ。
大谷が話すときがあったとしても、集団に対して話すだけだ。ほかの選手たちであれば、少なくともずっとチームに帯同している番記者に対してなら、確実に一対一の取材に応じてくれる。大谷は、団体の取材のみ受けるというルーティンを頑なに守った」

大谷は、他の選手たちと同じクラブハウスにいながらも、ひとりだけ別の宇宙にいるかのような扱いを受けている。そのような扱いをしているのは、大谷を取り巻く日本メディアの記者たちであり、そして「大谷のスポンサーとなっている日本企業」だ。スポンサー企業からすると、大谷が自社のロゴをバックにしゃべってくれたほうがありがたい。自社のロゴが映っていない場所で勝手にしゃべられてしまっては、大金を払って大谷のスポンサーになっている意味が薄れてしまう。そして日本のメディア各社は、確実に大谷のコメントが欲しい。大谷の周囲には日本企業と日本のメディアによる、一大経済圏ができあがっている。

球団にとって、一部の選手がこうした「特別扱い」を受けることは望ましくないはずだが、現実的に許可せざるを得ないのだろう。もし各記者が大谷を一対一で取材できるようにすると、大谷の前に（主に日本人記者による）長蛇の列ができ、クラブハウスが混雑する。メディア対応に追われた大谷の帰宅が遅くなって、コンディション調整に響くかもしれない。エンゼルスは大谷の入団後、大谷を追いかけ回す日本メディアの対応を専属的に担う広報担当者を雇った。その広報担当者、グレース・マクナミーは大谷が入団する23年前、1995年にロサンゼルス・ドジャース入りした野茂英雄を追いかけ回す日本メディア対応を担当していた。野茂はいわずと知れた「日本人メジャーリーガーのパイオニア」

ニア」になった。

フレッチャー記者が、マクナミーのキャリアを紹介している。

「野茂の渡米当時、どこのチームにも、ひとりの選手ばかり追いかける日本の記者の対応法などなかった。

後年になると、似たような追っかけが日本人スター選手、たとえばイチローとか、松井秀喜、ダルビッシュ有、大谷翔平にも現れた。すべての始まりは野茂だった。

『私たちが、他球団のためにガイドラインをつくってあげたようなものです』

そう話すマクナミーは、1998年シーズンを最後にドジャースを離れ、しばらく球界からも距離を置き、映画会社のマーケティングと子育てに力を注いだ。そして20年後、再び野球界に復帰した。マクナミーの経験、そしてオレンジカウンティ近郊に住んでいることから、エンゼルスが大谷を獲得して一連の仕切りを彼女に任せようとしたのは自然の流れだった」

フレッチャーが書いているように、野茂や大谷だけでなく、日本人スター選手の多くに「追っかけ」がいた。そして「追っかけ」がいるゆえに、日本人スター選手たちは大谷と同様、一対一の取材ではなく集団での取材のみを受けている。

たとえば僕が2013年ごろ、実際にMLBのクラブハウスで目にしたケースでいうと、ダルビッシュ有や黒田博樹、上原浩治といった選手たちが、団体の取材にのみ応じていた。ダルビッシュは先発した試合の後に、記者会見場で通訳を伴うオフィシャルな記者会見を行い、そこで日米の記者たちの質問に答える。黒田や上原の場合、僕が見た限りでは日本人記者による「囲み取材」が恒例となっていた。試合後のクラブハウスで、日本人記者の集団がタイミングを見計らってお目当ての選手を立ったまま囲み取材し、レコーダーを向けながら集団でコメントを引き出す。アメリカ人やヒスパニックの選手たちは、たとえば自身のロッカーの前で着替えながらひとりの記者に対して話をしたりもしていたが、日本人選手が同じようにしている光景は見られなかった。

外国人や人種的マイノリティの選手も多いMLBのクラブハウスで、日本人選手と彼らを取り巻く日本人記者たちは「浮いている」ように見えた。英語やスペイン語が飛び交うクラブハウスで、そこのみ「日本人村」が運営されているような感じだ。日本人記者の多くは、日本人以外の選手や記者たちとはあまり交わらない。交わったとしても、多くの場合は「大谷についてどう思うか」といった具合に、日本人選手についてのコメントを引き出すためだ。なかにはアメリカ人やヒスパニックの選手と積極的に話す日本人記者も見かけたが、そうした記者は逆に「日本人村」から「浮いている」ように見えた。日本のスポーツ紙や通信社から派遣されている日本人記者たちにとって、なすべき日々の仕事は「日本人選手の情報を確実に得る」ことであり、それ以外の余計なことはあまりすべきでない。そういう「空気」が日本人記者たちの間で漂っているように感じられた。

イチロー取材の「ルール」

ダルビッシュや黒田、上原ら、当時メジャーで活躍していた日本人選手たちと日本メディアの関係は独特だったが、なかでも僕の目に最も異様に映ったのはイチローだった。

2013年のシーズン中、僕は記者として初めてヤンキー・スタジアムを訪れた。イチローは当時、ヤンキースの選手として2年目シーズンを迎えていた。試合後、ヤンキースのクラブハウスに入ると、まだユニフォーム姿のイチローが自身のロッカーの前で椅子に座っている。イチローの前には2人か3人の日本人記者がいて、イチローと言葉を交わしていた。これはイチローの話を聞くチャンスだ！と思って近づくと、僕の存在に気づいたイチローが少し驚いたようで、どことなく怪訝そうな表情をした。イチローの前にいた記者が慌てて僕をその場から引き離し、イチロー取材の「ルール」を僕に説明してくれた。

いわく、イチローは一部の限られた記者からしか直接取材を受けない。イチローと会話することを許された数人の記者たちは、イチローから話を聞いた後に別途、ほかの記者たちを集めてイチローが口にしたことを伝達する。イチローを取材できない記者たちはその内容をメモし、各社同じような記事を書く。このようなプロセスが試合後に繰り返し行われているとのことだった。

この「ルール」を僕に教えてくれた記者は、イチロー取材歴約20年というベテラン記者だった。当時まだ20代半ばの駆け出しライターだった僕に対して、もしかすると親心のようなものがあったのかもしれない。彼は少し怒った様子で、僕に「空気を読んで行動してほしい」と言った。ふと背後を見ると、イチローと直接取材することを許されていない記者たちが、誰か別の選手を取材するでもなく、クラブハウスの隅に黙って佇んでいた。

確かに僕は、その場で起きていることをもっとよく観察すべきだったし、軽い気持ちでイチローに近づいたのは迂闊な行動だったと思う。にしても、まさかニューヨークの野球場まで来て「空気を読め」だなんて言われるとは。

ベテラン記者が怒った様子を見せたのも、理解できなくはない。僕がヘタなまねをして、イチローと記者たちの間に成立している信頼関係が壊れてしまったら、イチローの価値ある言葉が日本のファンに届かなくなってしまうかもしれない。あるいはシーズン中のイチローに余計なストレスを与えてしまい、それが少しでもプレーに悪影響を及ぼしてしまったら……というのは大げさかもしれないが、今改めて考えると当時の自分の浅はかさ、軽はずみな行動に恥ずかしさを覚える。

しかし一方でこうも思うのだ。MLBのクラブハウスでは通常、記者が選手に話しかけるのは自由である。したがってイチローに話しかけるのも自由——こう考えるのは当然じゃないだろうか？　まさかイチローだけ「話しかけてはいけない」存在だなんて、知る由もない。日本でもアメリカでも「空気を読む」のはそれなりに大事だと思うが、読める空気にも限りがある。

ようやく日本人村の「ルール」を理解し始めた僕だが、この一件以来、僕はMLBのクラブハウスに一度も入っていない。10代のころからMLBファンで、かつ物書きを志していた身にとっては「憧れの場所での憧れの仕事」だったが、アメリカの野球場まで来て日本のムラ社会的な掟に縛られるのが、なんだかばかばかしくなってしまったのだ。美しい天然芝が眩しく光る、開放的なボールパークの外見とは裏腹に、舞台裏のクラブハウスには何とも窮屈で閉鎖的な、極めて日本的な小さなムラ社会があった。

メディアは敵？

イチローが「一部の記者としか話をしない」ようになった具体的な経緯は知らないが、そうしたスタイルを取っていた背景は想像できる。日本中の注目を集めていたスーパースターである彼は、若いころからメディアに散々、あることないこと書かれてきたのだろう。イチローに限らず有名なスポーツ選手や芸能人の多くが、マスメディア不信に陥るのは不思議ではない。

イチローはメジャー15年目の2015年、スポーツ雑誌『Number』に掲載されたインタビューで、メディアについてこんなことを言っている。

「僕は20代の頃、先輩から『メディアとはうまくやれよ』と言われました。その意味が僕にはよくわからなかったんですけど、どうやら、メディアを敵に回すなという意味だった。でも、それはどうでしょう。とても大切な存在ではありますが、基本的にはメディアのことは敵だと思ったほうがいい。記者を育てるような選手でいなくては双方が前に進むことはできません」（『Ｎｕｍｂｅｒ』８７６号）

メディアは「敵」。イチローらしいトゲのある言葉だが、それだけ彼がメディアとの関係について真剣に考えており、メディアの重要性を理解していたことの表れでもあるだろう。「一部の記者としか話をしない」のは、自身の言葉を最も適切なかたちでファンに届けるために、彼が辿り着いた境地なのだろう。実際に僕も野球ファンとして、イチローが発する魅力的な言葉を享受してきたひとりだ。

とはいえ、ショービジネスであるＭＬＢにおいて選手がメディア対応をすることは義務であり、仕事の一部でもある。少なくともアメリカでは、そのような考え方が根付いているように思う。スター選手が受け取る桁違いの高額年俸には、メディア露出に対する対価も含まれている。たとえばヤンキースの選手はニューヨークの辛辣なメディアに嫌悪感を示すこともあるが、その辛辣なメディアこそがヤンキースの人気とブランド、圧倒的な資金力を担保している。メディアがなければ今日のプロスポーツは、ビジネスとして成り立たない。

「記者を育てるような選手でいなくては双方が前に進むことはできません」というイチローの言葉は、確かにその通りだろう。選手がプロフェッショナルであるならば、記者もプロフェッショナルでなければならない。しかし、もし一部の信頼する記者としか話をしないとしたら、新たに「記者を育てる」機会は生まれないのではないか？　長年かけて信頼関係を築いてきたベテラン記者と、お互いをどこまでも高め合っていくことはできるかもしれないが、志ある若い記者は最初からノーチャンスではないか？

もちろん、イチローのようなスター選手が自分を追いかけ回すあまたの記者たち全員を相手にするのは現実的に難しい。メディアの要求全てに応えていてはキリがないから、どこかで線を引くしかない。その結果、球団が発行するメディアパスを持ってクラブハウスを出入りしている記者だからといって、誰もがイチローを取材できるわけではないという状況が生まれたのだろう。ちなみにこの話は「対日本メディア」に限った話で、現地メディアの個別インタビューなどには応じていたようだ。

メディアの重要性を理解しているからこそ、真剣に考えているからこそ、自分が責任を持って対応できる範囲にとどめておく。おそらくイチローは、そのように考えていたのではないだろうか。だとしたら、それ自体は納得のいくものだ。

このような状況を生み出したのは、イチローという選手個人というより、日本のマスコミだろう。イチローに限らず、日本人選手がＭＬＢに移籍するたび、とりあえず「特派員」として記者を現地に送り込む。記者は毎日、特定の日本人選手を追いかけて、紋切り型の記事を量産する。大谷のインタビュー対応は確かに「ロボット」的だが、日本のメディアに掲載される記事も大体「ロボット」的だ。選手のコメントさえ取れればＡＩでも容易に書けそうな内容が多いし、なんなら選手のコメントを引き出す作業もＡＩで事足りそうだ。選手に対する質問の内容にも、お決まりのパターンがある。

アメリカのメディアでも同じようなことがないわけではない。複数のメディアが似たような記事、選手の同じコメントを載せることは山ほどあるし、各記者が完全にオリジナルな記事を書いているわけじゃない。それでも、少なくとも日本のメディアのように、シーズンを通してチームに帯同する記者が特定の選手だけを追いかけ回すようなことはしない。アメリカでは「ビートライター」と呼ばれる番記者は、あくまでも特定チームの取材を担当する記者であり、特定の選手を追いかけているのではないのだ。

大谷の「チアリーダー」に徹する日本メディア

イチローの例はおそらく極端だが、イチローに限らず日本人選手と日本メディアの関係は、おそらくアメリカ人から見るとちょっと奇妙だ。エンゼルス取材歴10年以上のフレッチャー記者が、日本人選手だけを取材する日本人記者を「追っかけ」と表現しているように、日本メディアのスタンスは「ファン」に近いものがある。あるいは、ロバート・ホワイティングの言葉を借りると「日本のマスコミ、とくにスポーツ紙は、責任あるジャーナリズムというよりも、チアリーダーの様相を呈してくる」。ホワイティングは1980年代の後半、読売ジャイアンツのスター選手だったウォーレン・クロマティから「(ジャイアンツの)コーチがいかに残酷に若手をしごいているか」といった話を聞き出して記事にし、その結果「ジャイアンツの球場から締め出しを食らった」という。

MLBでは通常、各チームに帯同する記者は「チーム」全体の取材をするものだが、ほとんどの日本人記者は特定の「日本人選手」だけを取材する。おそらく彼ら彼女らは「日本のファンが興味を持っているのは日本人選手なのだから、日本人選手を中心に取材するのは当然だ」と言うだろう。実際に僕自身も、ライターとしてMLBに関する記事を複数の媒体に寄稿していたころ、書いていた記事の多くは日本人選手に関するものだった。それがビジネスとして求められていたからだ。

でも、いざMLBの取材現場に身を置くと、自分が「日本人選手を追いかける」記者として現場にいることに居心地の悪さを覚えた。何というか、その場にいるアメリカ人の記者たちや他の選手たちに失礼なことをしているような気がしたのだ。目の前にアメリカ人やヒスパニックのスター選手がいても、彼らをスルーして日本人選手の動きを追いかけなければならない。「どうせお前ら、日本人にしか興味ないんだろ」と思われているように感じた。そんな視線を感じながらも日本人選手を追いかける立場に身を置くことが、僕にとってはあまり気持ちのいいものではなかった。

もし自分がスポーツ紙や通信社から派遣された記者だったら、これが仕事だと割り切って、たとえ居心地の悪さを覚えても、毎日お目当ての日本人選手を取材したかもしれない。でも当時の僕は一介のフリーランスのライターにすぎず、毎日、特定の媒体に原稿を送るノルマもなかったので、無理に日本人選手を追いかける必要はなかった。もし仮にMLBのクラブハウスで継続的に取材をするならば、アメリカ人記者たちと同じように彼らと同じ土俵の上で仕事がしたいと思った。狭苦しい「日本人村」の外側で、もっと自由に仕事をしたいと思った。

近年の大谷フィーバーも、日本のメディア各社がこぞって「チアリーダー」に徹しているがゆえに巻き起こったものだ。大谷と日本メディアの関係を見続けてきたフレッチャー記者が、いくつか具体的なエピソードを紹介している。

「2018年に大谷が初めてエンゼル・スタジアムのブルペンで投げていたとき、何人かの記者がセンターになる岩によじ登って写真と動画を撮影しようとした。すると、エンゼルスはこの連中を排除した。

同じシーズンの後半に、大谷が肘の故障によるリハビリをしていた際に、テンピ・ディアブロ・スタジアムで8月のアリゾナ・ダイヤモンドバックスとの連戦の前、実戦形式の練習で登板したことがあった。当初は日本人記者が招待されていたが、その後、メディア非公開となった。そこで、記者一同は球場隣のホテル駐車場から覗き見をしなければならなかった」

こうした日本人記者たちの行動は何とも見苦しいが、一方でエンゼルスは、大谷の一挙手一投足が日本で報じられることの重要性も理解していた。フレッチャー記者は続けてこう書いている。

「日本のメディアとエンゼルスの関係性は、ときに緊迫することもあったが、全体的にはお互いのために協力できるところは協力し合っているように見える。

『日本全体が、彼のすべての動きを追っていることは理解しなければならない』

元エンゼルスの通信部門副社長だったティム・ミードが2018年に語った言葉だ。

『その需要に対して応える義務があり、その点は十分に承知していた――そして、ショウヘイも理解していた』」

そして、大谷を追いかけ回す日本人記者の対応を担っていた広報担当者のマクナミーは、彼らに『ほかのエンゼルス選手たちの話を書くように勧め』ていたという。

『記者たちは一人の選手のためにここまで来ているわけだけど、私は少しでもほかのチーム一同や選手たちを日本の観衆に紹介しようとしていました』

日本人記者たちは、ほかの選手やコーチたちにも大谷のことを聞いてまわっていた。マクナミーは、エンゼルスの打撃コーチや投手コーチはもちろん、ブルペンキャッチャーさえも取材を手配したという。

スプリングトレーニングでは、無名のマイナーリーガーが日本人記者に囲まれて、練習場で大谷の投球を打ったかと質問攻めにされている始末だった」


プロスポーツの世界では、一部のスター選手に注目が集まるのは仕方のないことである。とはいえ「日本人記者に囲まれて、練習場で大谷の投球を打ったかと質問攻めにされている始末」だった無名のマイナーリーガーはいったい、どのように感じたのだろうか？　もしかすると「どんな理由であれ注目されてラッキー」と思ったかもしれないが、マイナーリーガーといえどもプロ野球選手、プライドもあるだろう。取材を受けたにもかかわらず記者たちが自分に全く興味を持っていない、という状況は、あまり気持ちいいものではあるまい。僕が記者だったら、プロ野球選手に「ほかの選手」のことばかり質問するのは気が引ける。それは取材相手に対して失礼な行為だとすら感じてしまう。

でも、これこそ日本のメディアが日常的に、異国の地でやっていることなのだ。そして、それは個々の記者の問題ではなく、そういうことを当然としてきた日本のマスコミ界全体の問題だろう。自分たちが欲する情報やコメントを得るためには何をしてもかまわない、というメディアの傲慢さ、特権意識が垣間見える。異国の地でも「日本人村」を運営し、現地のルールではなくムラのルールに従って行動する。あまりにも自国中心的であり、身身勝手だと感じざるを得ない。

僕らが今日、大谷の活躍に一喜一憂できるのは、日本のメディア関係者が時に「岩によじ登って」でも大谷の一挙手一投足を追いかけ、その詳細を日々伝えてくれるからだ。メディアが伝える大谷の姿を見ていると、彼の存在が「日本人」の国際的な価値を高めてくれているようにさえ感じる。しかし、その舞台裏ではもしかすると、大谷を取り巻く日本のマスコミ関係者が白い目で見られているのかもしれない。最悪の場合、彼らの身勝手な行動が「日本人」の国際的な評価を貶めてさえいるかもしれない。

国際社会に生きる僕らは、その可能性に対してもう少し意識的になってもいいのではないだろうか？

第11章

野茂の「980万円」から 大谷の「1015億円」まで 日本人メジャーリーガーの「時価」変遷

「スポーティングニュース」アメリカ編集部からの依頼

大谷翔平のロサンゼルス・エンゼルス入りが決まった2017年12月、僕はアメリカのスポーツ専門メディア「スポーティングニュース」日本版の編集者として働いていた。

「スポーティングニュース」は1886年に創刊された老舗のスポーツ雑誌で、アメリカではとくに野球界の権威あるメディアとしての地位を確立している。日本の年号がまだ明治だったころから、120年以上の歴史を誇る媒体だが、21世紀に入るとインターネットの普及に伴う雑誌不況を受け、2012年に雑誌は廃刊。現在はオンラインメディアとしてのみ運営されている。メディアとして記事を配信するだけでなく、毎年独自に選出する「新人王」や「MVP」を発表しており、たとえば2021年にアメリカンリーグMVPを受賞した大谷は、同時に「スポーティングニュースが選ぶMVP」に選ばれている。

大谷の移籍が決まった直後、僕はアメリカの編集部から、大谷に関する記事を米国版スポーティングニュースに寄稿してほしいと依頼を受けた。対象読者はアメリカの野球ファンで、原稿はもちろん英語だ。依頼に際してアメリカの編集部から2つのオーダーがあった。一つは、スマートフォンでサクッと読めるように、単語数を多くても1000ワード程度に収めること。そしてもう一つは「日米球界の両方をよく知る人物」による大谷評を掲載すること。

大谷のメジャーリーグ（MLB）移籍が決定した際、アメリカのファンや野球関係者は大谷の実力に半信半疑だった。日本プロ野球（NPB）では投打の二刀流で成功を収めてはいたが、果たしてMLBでどこまでやれるのか？「二刀流」という物珍しさが先行し、アメリカのメディアは「日本のベーブ・ルース」として大々的に取り上げてはいたが、肝心の実力については懐疑的な見方も少なくなかった。MLBで二刀流なんてできるわけがない、という声は日本でもアメリカでも多かった。

記事を書くに当たって、僕はかつての仕事仲間である小島克典に電話をかけ、大谷についてのコメントを求めた。小島は1998年に日本一に輝いた黄金期の横浜ベイスターズで外国人選手の通訳として働いた後、MLBで新庄剛志の通訳を務めた経験がある。2023年の第5回WBCを含めてWBC日本代表の通訳も4度（4大会）経験している。当然ながらバイリンガルで、NPBとMLBの両方の現場を知り、また自身も高校球児だったことから、野球に対する理解も深い人物だ。

小島は電話口で、大谷を「先発投手として10勝でき、かつ打者としてはバリー・ボンズ級の長打力を持つ選手。これまで日米で数多の選手の打撃練習を見てきたが、ボンズと大谷の飛距離はずば抜けている」と評した。僕はこのコメントを英訳し、記事に掲載したが、今から振り返ると実に的確なコメントだったように思う。２０２３年の大谷は先発投手として10勝し、かつホームラン王に輝いた。

僕が書いた拙い英文原稿を、アメリカ編集部のエース記者であるライアン・ファガンが手直ししてくれ、最終的には〝Shohei Ohtani should be a two-way MLB highlight reel in 2018〟（大谷翔平は２０１８年、二刀流のハイライトリールになる）というタイトルで、米国版スポーティングニュースに掲載された。原稿には、大谷にとって北海道日本ハムファイターズの先輩であり、憧れの投手でもあったダルビッシュ有と大谷の交友関係についてなど、アメリカのファンが知らないであろう話も盛り込んだ。ダルビッシュはすでにＭＬＢで一流投手としての地位を築いていたから、そのダルビッシュと交友のある大谷が、ＭＬＢについてのリアルな情報をある程度インプットしたうえで挑戦しているであろうことを伝えたかった。また、ダルビッシュやイチローをはじめ、日本では多くの選手や野球関係者が大谷の「二刀流」について持論を展開している話も紹介した（ダルビッシュは大谷がMLBのトップ選手になるためには「投手」に専念したほうがいいと述べた一方で、イチローは大谷の「打者」としての能力をより買っていた）。

当時、アメリカの野球ファンにとって大谷の存在は、単に「東アジアから突然現れた二刀流選手」というものだったかもしれない。しかし日本の野球ファンからすると、大谷の存在は必ずしも突然変異的なものではなく、先人たちの努力によって日本野球のレベルが年々上がってきた結果として、またファイターズが新しい挑戦をサポートした結果として、大谷という野球選手が登場したという見方もできる。もちろん大谷の才能は天賦のものだが、その才能を開花させる土壌を日本球界が長年かけて培ってきたことも事実だ。大谷は降って湧いたような存在ではなく、その存在は「日本野球の歴史」という文脈で説明することができることを伝えたかった。

Shohei Ohtani should be a two-way MLB highlight reel in 2018

SN Muneharu Uchino
12-29-2017 • 5 min read

The legends and tales of Shohei Ohtani have rumbled across Major League Baseball for a couple of years now.

The whispers told stories of a teenage

スポーティングニュース米国版に掲載された筆者の記事（2017年12月29日）

「日本はナメられている」と言ったダルビッシュ

日本のプロ野球リーグのレベルが極めて高く、日本に多くの優れた野球選手がいることを、今日ではアメリカの野球ファンも知っている。一方で、日本人選手がMLBに移籍する際、常に「本当に活躍できるのか?」「どれくらいやれるのか?」という懐疑的な目がつきまとう。実際、鳴り物入りで海を渡ったものの、MLBではさっぱり活躍できなかった日本人選手も少なくない。MLBの球団にとって、日本人選手と大型契約を結ぶことはある種のギャンブルであり、不良債権化するリスクを伴う。

そして、日本人選手が日本でどれだけ優れた成績を残していても、渡米してすぐにMLBでリスペクトされることはない。MLBでリスペクトされるには、MLBで長期にわたり実績を残さなければならない。こうした現実をハッキリと口にしたのが、大谷よりも6年早く海を渡ったダルビッシュだ。

ダルビッシュ有はメジャー1年目から3年連続でオールスターに選ばれるなど、渡米時の高い期待を裏切らない活躍を見せた。しかし本人は、シビアな現実を感じてもいた。メジャー最多の277奪三振を記録し、アメリカンリーグのサイ・ヤング賞投票で2位に入る大活躍を見せた2013年のオフ、日本のテレビ番組に出演したダルビッシュはこんなことを言っていた。


「向こうの人はナメてるんで。日本だろ？って」

「日本で7年か8年、こんだけイニング投げてるって言っても『だから何だよ』って」

「メジャーリーグ・サービスタイムというのがあって、それが選手の地位を決める」

「僕は（メジャー在籍期間が）2年だけど、5年以上たつと偉そうにできる」

「3年目くらいまでは子どもとしかみなされない」


日本で5年連続防御率1点台という、輝かしい実績を引っさげて海を渡ったダルビッシュの率直な言葉だった。

「3年目くらいまでは子どもとしかみなされない」というのは日本人選手に限った話ではなく、あらゆる選手について言えることだ。MLBでは1年だけ大活躍してもダメで、長年にわたって活躍し続けることによって評価が高まっていく。MLBに限らず、プロスポーツの世界は総じてそうだろう。長期的に高いパフォーマンスを継続する「再現性」こそが、プロとして最も大事な資質だからだ。

ダルビッシュはメジャー4年目のスプリングトレーニング中にトミー・ジョン手術を受け、復帰後も故障や不振に悩まされる時期があった。それでも、何度か所属チームを変えながら先発投手として高いパフォーマンスを発揮し続け、2022年は10年前にマークした自己ベストに並ぶ16勝。サンディエゴ・パドレスのエースとして、プレーオフでも貫禄のピッチングを見せた。2023年のシーズン開幕前には、当時36歳の選手としては異例ともいえる6年契約をパドレスと結んだ。2024年にメジャー13年目のシーズンを迎えた大ベテランは、今やMLBで最もリスペクトされる選手のひとりになっている。それは日本での実績はさて置き、MLBで結果を残し続けてきたからだろう。

もちろん、日本での成績が全く無視されるわけではない。ダルビッシュのMLB移籍時、テキサス・レンジャーズはポスティングフィーと年俸総額合わせて1億1200万ドル（当時のレートで約86億円）という大金を支払ったが、その金額はダルビッシュの日本での実績を踏まえてのものだ。しかし、それはあくまでも「投資対象」としての価値を示すものであり、MLBで証明された実力に対する対価ではない。投資額に見合ったパフォーマンスを数年間にわたり発揮して初めて、その実力が認められてリスペクトされる。

ダルビッシュの移籍から2年後、ニューヨーク・ヤンキースは田中将大と契約するために7年1億7500万ドル（当時のレートで約182億円）という、レンジャーズがダルビッシュ獲得のため費やした金額が霞むような巨額の投資をした。当然、アメリカのメディアは「まだMLBで一球も投げていない投手にヤンキースがそんな大金を支払うなんて！　タナカってのはどれほどの選手なんだ？」と興味を持った。日本のマスコミだけでなく、アメリカのメディア関係者もシーズン開幕前のスプリングトレーニング中から田中を取り囲んで、注目した。しかし、そうしたメディアの過熱報道を快く思わない選手もいた。

2014年4月、メジャー2戦目となる田中と対戦したボルチモア・オリオールズの主砲アダム・ジョーンズは、メディアからの田中に関する質問攻めに対し、露骨に不快感を示した。

「また新しい先発投手が来ただけ。俺にとって特別なことは何もない」

「なぜ、彼（田中）に俺のことを聞かない？　俺はメジャーでそれなりにプレーしている人間のひとりだ」

「日本の野球を攻撃するつもりはない。日本でプレーしている友達もたくさんいる」
「ただ、日本とメジャーは違う。メジャーはメジャーなんだ」

ジョーンズには、自身がMLBという厳しい世界で実績を残してきたことへの自負とプライドがあったのだろう。彼は2019年までMLBの第一線でプレーした後、2020年と2021年はNPBのオリックス・バファローズでプレーし、現役引退した。決して日本が嫌いだったわけでも、日本人に対する差別意識があったわけでもないはずだ。むしろ黒人である彼自身、MLB時代にはファンから人種差別的な言動や嫌がらせを受けており、そうした行為の醜さを身にしみて知っていたはずだ。

サイ・ヤング賞2度の投手をはるかに上回った山本由伸の契約

近年も日本のスター選手が続々と、大型契約でMLB移籍を果たしている。2021年オフに鈴木誠也はシカゴ・カブスと、日本人野手として当時史上最高額となる5年8500万ドルで契約。その翌年の2022年オフ、吉田正尚はボストン・レッドソックスと5

年9000万ドル（推定）で契約した。同時期に、千賀滉大もニューヨーク・メッツと5年7500万ドル（推定）で契約。鈴木、吉田、千賀の3人は今のところ、MLBでもまずまずかそれ以上の活躍を見せている。

2013年オフに田中がヤンキースと結んだ7年1億5500万ドルという契約はつい最近まで、新たにMLB挑戦する日本人選手の契約として最高額だった。だが、田中のメジャー移籍から10年後の2023年オフ、日本で3年連続沢村賞を獲得した山本由伸が12年総額3億2500万ドル（約463億円）という、田中のヤンキースとの契約をもはるかに上回る超大型契約を結んだ。まだ25歳という年齢も大きな魅力だった山本は、FA市場で2023年に自身2度目のサイ・ヤング賞を獲得したブレイク・スネルよりも人気だった。スネルはすでに31歳で、活躍する年とそうでない年のギャップが激しいという欠点がある。とはいえ、MLBでまだ一球も投げていない日本人の投手が、サイ・ヤング賞を2度獲得しているアメリカ人投手より高評価を受けたという事実は注目に値する。それだけ日本プロ野球のレベルの高さ、そして日本人選手（とくに投手）の能力の高さがアメリカで認められているということだろう。

もっとも、山本がメジャーでの地位を確立できるかどうかはやはり、今後メジャーで活躍できるかどうかにかかっている。一度メジャーのマウンドに立てば、もう日本での実績は関係ない。ダルビッシュが言っているように、メジャーリーガーとして一から実績を積み上げていくしかないのだ。

ダルビッシュはメジャー1年目に、NPBとMLBは「競技自体が違う」とまで口にして、日本とアメリカの野球が別モノであることを指摘した。また、メジャー初登板を前に「メジャーに来るにあたっていちばんためになった言葉」として、相対性理論を創始した20世紀の物理学者、アルベルト・アインシュタインが残した格言をツイッター（現・X）で紹介した。

「一点の曇りもない羊の群れの一員であるためには、まずは何よりも羊でなければならない」

ある世界で認められるためには、何よりもまずその世界の一員にならなければならない。メジャーリーグで認められるためには、まず何よりもメジャーリーガーにならなければならないということだ。

野茂の「980万円」から山本の「463億円」まで日本人投手の「時価」変遷

アメリカで真にその実力が認められるためには、ＭＬＢで結果を残す必要があることは今も昔も変わらない。一方で、日本でプレーする日本人選手の「投資対象」としての価値は今日まで、ほぼ右肩上がりである。これまで多くの日本人選手がＭＬＢで活躍し、日本球界の実力が認められるようになってきたからだ。

「日本人メジャーリーガーのパイオニア」野茂英雄は１９９５年、ロサンゼルス・ドジャースと契約を結んだが、メジャー契約ではなくマイナー契約で、年俸はたったの10万ドル（当時のレートで約９８０万円）だった。近鉄バファローズ時代の年俸１億４０００万円から、実に90％以上のダウンである。野茂には日本球界を「任意引退」したという特殊な事情はあったが、そもそも野茂がＭＬＢで果たしてどれだけ活躍できるのか、ドジャースにとっては未知数だった。アメリカの野球ファンや関係者の多くが「日本で大活躍したからといって、メジャーで活躍できるわけがない」と思っていた。しかし野茂は1年目からオールスターゲームの先発投手を務めるなど、堂々たる成績で新人王を獲得した。日本にもメジャーで通用する素晴らしい選手（少なくとも投手）がいることを、アメリカの野球ファンに知らしめたのだ。

その一方で、野茂の成功は「トルネード投法」というトリッキーな投球フォームと、メジャーリーガーが見慣れない「フォークボール」という珍しい球種によるもので、必ずしも一般的な日本人投手の実力が証明されたわけではない、という見方もあった。要するに野茂は「正統派」の投手ではなかったのだ。模範的な美しいフォームで速球とスライダー、カーブ、そしてチェンジアップなどＭＬＢの投手が多用する球種を投げるオーソドックスな投手ではなかった。「トルネード投法」「フォークボール」というユニークな飛び道具を武器にした野茂は、ナックルボーラーやサブマリン投手と同じような「変わり種」と見なされることもあった。

とはいえ野茂の成功を見たメジャー各球団はその後、１９９０年代後半から２０００年代前半にかけて日本の投手を次々に獲得した。伊良部秀輝や大家友和、石井一久は先発投手として二桁勝利を挙げるシーズンもあった。長谷川滋利や佐々木主浩はリリーフ投手としてオールスターゲームにも出場した。彼らは野茂以外にも優れた日本人投手がいることを証明したが、野茂ほどの強烈なインパクトを与える投手はいなかったことも事実だ。野茂は1996年と2001年にノーヒットノーランを達成するなど、依然として最高の日本人投手であり続けた。

その後も日本人投手のMLB挑戦は続いたが、ターニングポイントになったのは2006年オフ。日本球界を代表する先発投手である松坂大輔と井川慶が、それぞれレッドソックスとヤンキースという伝統球団に移籍した。レッドソックスは松坂獲得のために6年総額1億ドル（当時レートで約120億円）以上を費やし、日米の野球ファンを仰天させた。松坂はメジャー最初の2年間で33勝を挙げ、野茂に代わる「日本人投手の顔」になったが、その後は故障と不振に苦しんだ。5年契約でヤンキース入りした井川に至っては、最初の2年間で計16試合に登板したのみで、その後はずっとマイナー暮らし。「ヤンキース史上最悪の契約」とまで称される始末だった。

松坂と井川の「不良債権化」により、日本人投手の株は下がったかのように見えたが、リリーフ投手は活躍していた。松坂と同じタイミングでレッドソックス入りした変則左腕の岡島秀樹、36歳でメジャー挑戦したドジャースの斎藤隆は、ともに2007年のオールスターゲームに出場。藪恵壹は2008年に39歳ながらサンフランシスコ・ジャイアンツの中継ぎ投手として60試合に登板した。また、先発投手でも同年にドジャース入りした黒田博樹は、メジャー1年目から松坂以上に安定した活躍を見せた。一方、２００９年にアトランタ・ブレーブス入りした川上憲伸は、２シーズンで8勝22敗と期待外れだった。

このように、日本人投手の成績はメジャーで一進一退の様相を見せており、また全盛期の野茂並みに圧倒的な活躍をする投手はなかなか現れなかった。そんななかで第二のターニングポイントとなったのが２０１２年1月のダルビッシュのＭＬＢ移籍だった。

松坂の渡米から5年後、ダルビッシュは「松坂を超える逸材」として、ＭＬＢから注目されていた。テキサス・レンジャーズは、レッドソックスが松坂獲得に投じた金額を僅かに上回る投資をして、ダルビッシュを獲得した。メジャー最初の2年で、ダルビッシュは松坂を上回る活躍を見せた。2年目の２０１３年は、日本人投手として野茂以来となる最多奪三振のタイトルを獲得し、アメリカンリーグのサイ・ヤング賞投票で2位に入った。同じ年、ダルビッシュほどは注目をされていなかった岩隈久志も大活躍し、サイ・ヤング賞投票でダルビッシュに次ぐ3位だった。また、この年のワールドシリーズを制したレッドソックスに松坂はすでにいなかったが、代わりに上原浩治と田澤純一がリリーフ投手陣の柱を担っていた。メジャー6年目の黒田もヤンキースのエース格になっていた。

ダルビッシュと岩隈は、野茂の「トルネード投法」のようにトリッキーな技があるわけでなく、またメジャーでは珍しい「フォークボール」一辺倒というわけでもない。ダルビッシュも岩隈も、長身からノビのある速球とキレのある変化球を繰り出して打者を打ち取っていく、極めてオーソドックスな先発投手だ。2013年に両者をはじめとする日本人投手たちが見せた大活躍は、MLBにおける日本人投手の株を一段と引き上げた。その直後、2013年オフに田中がヤンキースとの超高額契約を結んだ。田中は日本で24勝0敗という圧倒的な成績を残してはいたが、MLB球団からすると、日本のパシフィックリーグで田中としのぎを削っていたダルビッシュと岩隈が既に大活躍していたことが、田中の「品質」を担保していたはずだ。

田中は2014年から2020年にかけて、ヤンキースの主力投手として78勝を挙げた。日本時代ほど圧倒的な成績は残せなかったが、超大型契約の期待にまずまず応えたと評価していい。その間、新たに海を渡った日本人投手の代表格が、田中と同学年の前田健太、そして打者兼任の大谷だ。前田は2020年にアメリカンリーグのサイ・ヤング賞投票で2位に入るなど、メジャー実働7年で65勝を挙げている。大谷は2021年から3年連続で、指名打者としてだけでなく投手としてもオールスターに選出された。

こうして振り返ると、ダルビッシュや岩隈らが大活躍した2013年からの約10年間で、

ＭＬＢにおける「日本人投手」のブランドは確固たるものになったと言える。その結果として今日、たとえばメジャーでまだ一球も投げていない山本がサイ・ヤング賞投手のスネルをしのぐ高評価を受けるに至っている。10年前だったらおそらく、ここまで高い評価は得られなかっただろう。

イチローの「15億円」から大谷の「1015億円」まで日本人打者の「時価」変遷

日本人投手のレベルの高さは、今やアメリカの野球ファンの知るところとなった。では、日本人打者はどうだろうか？

野茂の渡米から6年後の２００１年、イチローと新庄剛志が初の日本人野手としてＭＬＢに移籍した。日本で7年連続首位打者のイチローが、シアトル・マリナーズと結んだ契約は3年１４００万ドル（当時のレートで約15億円）。このとき、ＭＬＢ選手の平均年俸は現在の半分以下だったが、それにしても控えめな数字だ。「日本の打者がメジャーで通用するわけがない」という声も多く、日本球界の至宝イチローといえども最初から高額契約を勝ち取ることはできなかった。新庄に至っては、当時のメジャーで最低保証年俸となる20万ドル（約2200万円）でニューヨーク・メッツと契約した。こちらも日本球界屈指の外野手だったにもかかわらず、である。

イチローはメジャー1年目、首位打者、盗塁王、新人王、そしてMVPまで獲得する大活躍を見せ、日本人野手もメジャーで超一流の活躍ができることを証明した。しかし、野茂の成功は「トルネード投法」と「フォークボール」のおかげだという声があったように、イチローの成功にも批判的な声があった。イチローは新人の年にメジャー断トツの242安打を放ったが、その2割は足で稼いだボテボテの内野安打であり、試合を決めるような長打はほとんどないじゃないか、と。そもそも安打数が多いのは、イチローが「早打ち」すぎて四球を全然選ばないからで、打率が高い割には出塁率が低いじゃないか、と。今日のMLBにおいて打者の総合的な能力を最も適切に測る指標とされているOPS（出塁率＋長打率）の値を見ると、2001年のイチローは・838で、リーグ27位にすぎなかった。当時はまだ打率や安打数、盗塁数といった「オールドスクール」な数字が重視されていたためイチローはMVPに選ばれたが、これが20年、いや10年遅かったら選ばれていなかった可能性が高い。242安打のイチローではなく、OPSが1・000を超えていたジェイソン・ジアンビやアレックス・ロドリゲスといった強打者がMVPに輝いていたはずだ。

　スピードはあるがパワーに欠けるイチローは、見栄えの華やかさのわりにチームへの貢献度が低い……そんな声を覆すべく、というわけではないが、イチローの移籍から2年後の2003年、今度は日本最高のホームランバッターである松井秀喜がヤンキースに入団した。松井はメジャー屈指の強力打線で主軸打者のひとりとして活躍したが、野茂やイチローが見せたセンセーショナルな活躍に比べると、松井のパフォーマンスは地味だった。日本でシーズン50本塁打を放った長打力も、メジャーの強打者たちの間では突出したものにならず、松井はせいぜい「チャンスに強い中距離打者」といった役回りに落ち着いた。イチローは時に批判を受けながらも、なんだかんだでMLBの「レジェンド」に仲間入りしたが、松井はそこまで至らなかった。

　日本には、イチローのように技術とスピードで勝負できる打者はいるが、パワーでメジャーリーガーに太刀打ちできる打者はいない。松井のやや地味な活躍は、そうした認識を日米のファンに植え付けた。実際、2000年代にはほかにも松井稼頭央や井口資仁、中村紀洋、城島健司、岩村明憲、福留孝介ら日本を代表する強打者が続々と渡米したものの、その多くは期待外れに終わった。

また、イチローは10年連続200安打の金字塔を打ち立てたが、そもそもイチローは唯一無二の選手であり、たとえイチローと同じようなプレースタイルであっても、メジャーで活躍できる日本人選手はほかにいない、と思われている節もあった。2012年、イチローの「後継者」と言ってもいい日本最高のヒットメイカーだった青木宣親がミルウォーキー・ブルワーズに移籍したが、ブルワーズは青木との契約前に、アリゾナの球団施設で青木の「プレーチェック」を実施した。要するに、青木がメジャーでプレーできるレベルの選手かどうかをテストしたのである。イチローがアメリカで旋風を巻き起こしてから10年以上たってもなお、日本の野手は総じてあまり評価されていなかったようだ。ちなみに青木は無事テストに「合格」し、メジャー1年目からリードオフマンに定着。6年間にわたって安定した活躍をした。

日本にはメジャーでサイ・ヤング賞争いをするほどの力がある投手はいるが、日本の打者がメジャーで大活躍するのは難しい。少なくとも2013年ごろの時点では、アメリカのみならず日本の野球ファンの多くがそう思っていただろう。そして、その認識を覆したのが大谷だった。

日本人打者の評価を覆した大谷

大谷はルーキーイヤーの2018年、規定打席不足ながらOPSが・900を超える打棒を見せて新人王を獲得した。打球の速度と飛距離はすでにメジャーでもトップクラスで、その圧倒的なパワーは松井をはるかに上回っていた。そして2021年、投手として9勝を挙げながら46本塁打を放って日米野球ファンの度肝を抜いた。その年のオフ、大谷と同学年である鈴木がカブスと5年8500万ドル（約101億2000万円）という大型契約を結んだ。鈴木は強打の右打者だが、日本人の右打者がメジャーでトップクラスの活躍を見せたことはそれまでにない。イチローも松井も大谷も皆、左打者だ。それでも鈴木がこれだけの好条件で契約できた一因には、おそらく大谷の大活躍があったからだろう。大谷ほどの打者を輩出した日本球界で素晴らしい成績を残してきたのだから、メジャーでもやれるはずだ、と。翌年、鈴木と同規模の大型契約をレッドソックスと結んだ吉田についても同じことが言える。

「日本の投手は素晴らしいが、打者はイマイチ」というのが、アメリカの野球関係者が長らく抱いていた印象だったはずだ。しかし大谷の大活躍、そして鈴木や吉田の活躍によっ

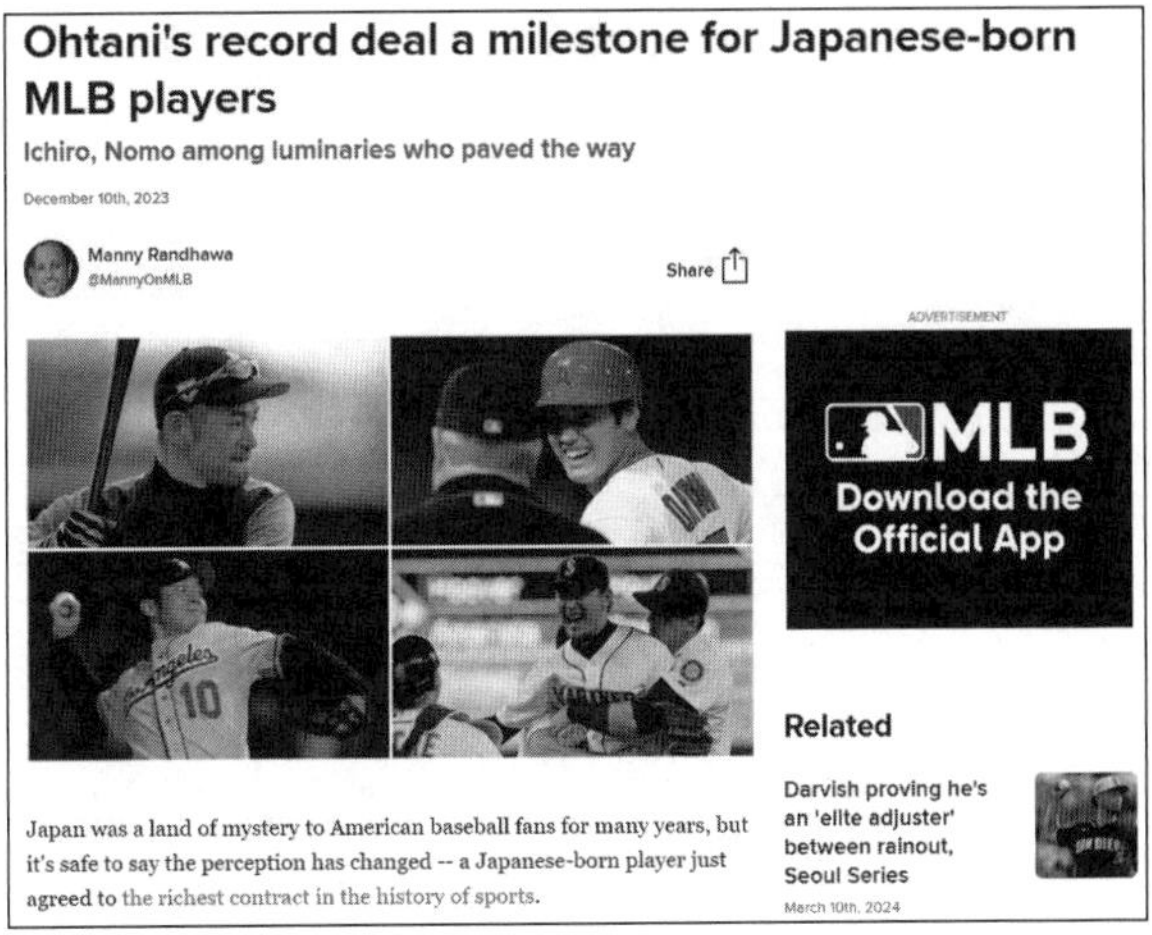
Ohtani's record deal a milestone for Japanese-born MLB players
Ichiro, Nomo among luminaries who paved the way
December 10th, 2023
Manny Randhawa
@MannyOnMLB
Share
ADVERTISEMENT
MLB
Download the Official App
Related
Darvish proving he's an 'elite adjuster' between rainout, Seoul Series
March 10th, 2024
Japan was a land of mystery to American baseball fans for many years, but it's safe to say the perception has changed -- a Japanese-born player just agreed to the richest contract in the history of sports.

大谷の歴史的契約に際し、日本人メジャーリーガーの活躍を振り返る
MLB公式サイトの記事（2023年12月10日）

て、その印象は変わりつつある。イチローと松井だけではなく、今や日本には優れた打者がゴロゴロいるのだ、と。その代表格はもちろん大谷だ。

２０２３年12月9日、大谷がロサンゼルス・ドジャースと10年総額7億ドル（約１０１５億円）というスポーツ史上最高額で契約したことが報じられた直後、ＭＬＢ公式サイトのヘッドラインには大谷関連の記事がズラリと並んでいた。そこには〝Ohtani's record deal a milestone for Japanese-born MLB players〟（大谷の歴史的契約は日本人メジャーリーガーにとってのマイルストーン）とか〝MLB teams with most impact from Japanese players〟（日

本人選手の活躍による恩恵を最も受けてきたＭＬＢ球団ランキング）といった見出しもあった。大谷が名実共に史上最高の野球選手となったことを機に、ＭＬＢにおける日本人選手の歴史と功績を振り返ってみよう、という趣旨である。これらの記事ではイチローや野茂はもちろん、１９６４年に日本人初のメジャーリーガーとなった村上雅則も紹介された。

２０１７年12月に僕がスポーティングニュース米国版に大谷の記事を書いた当時、野球に精通したアメリカの編集者や記者たちは誰も、大谷がこれほどの選手になるとは思っていなかっただろう。僕ら日本人でさえ思っていなかったのだ。

もし今、アメリカの編集部から改めて「大谷について何か記事を書いてくれ」と言われたら？

僕はきっと、本書でここまで書いてきたようなことを英語で書くだろう。大谷は今や〝highlight reel〟（ハイライトリール）どころではなく〝social phenomenon〟（社会現象）になったのだ！　と。

おわりに

「大谷翔平の社会学」ができるまで
～自己紹介に代えて

1986年生まれ、パワプロ育ち

物心ついたときから野球が好きだった。

……というのはウソで、僕が野球に興味を持ったのは9歳のとき。転校先の小学校で新しいクラスメイトたちから地元の少年野球チームに入るよう誘われ、とくに深く考えずに野球を始めたことがキッカケだった。新しい友人たちと一緒にキャッチボールをするのも楽しかったが、それ以上に楽しかったのが彼らと「パワプロ」で対戦することだった。『実況パワフルプロ野球』、通称パワプロ。僕は1986年生まれだが、同世代の日本人男子には僕と同じようにこの人気ビデオゲームで野球に親しんだという人が多いのではないだろうか？　僕はパワプロを通じて実在するプロ野球選手の名前や特徴を覚え、それによって実際のプロ野球観戦も楽しめるようになった。ゲームが先で、リアルはその後だったのだ。

僕には今も昔も野球を「スポーツ」というより「ゲーム」として楽しんでいるような感覚があり、その原点はおそらくパワプロだろう。2024年1月にパワプロのアンバサダーに就任した大谷も、幼少期にパワプロを楽しんでいたという。

「自分自身がパワプロの選手だと思って（練習を）やっていたので、子どものころは単純に楽しかった」と爽やかに語る大谷は、野球界の「新人類」かもしれない。昭和のスポ根とは真逆な「ゲーム感覚」で、大谷は世界最高レベルの選手にまで上り詰めたのだ。

パワプロ育ちの僕が小学6年生になるころには、毎朝家に届く読売新聞のスポーツ欄を開き、プロ野球の試合結果や個人成績をチェックするのが日課になっていた。野球を統計学的に分析する「セイバーメトリクス」という言葉がアメリカで浸透するよりも前に、僕は野球のデータが大好きな少年になっていた。

打率や防御率などの個人成績ランキング、各試合で誰がどれくらい活躍したかが数字だけでわかるボックススコア。今は全てインターネットで見られるが、当時はまだ新聞で見るのが主流だった。野球のデータを通じて数字に強くなったのか、当時の僕は算数の成績が抜群に良く、中学受験で都内の名門男子校に進学した。2012年に出版された『「弱くても勝てます」開成高校野球部のセオリー』で、そのユニークな野球部の存在が紹介された開成学園だ。

中学生になった僕が野球部に入ろうとしたのは自然な流れだったが、開成中学は1学年だけで300人の男子がおり、かつ野球部は最も人気のある部活動のひとつだった。一日だけ放課後の体験練習に参加した僕は、部員が多すぎてボールに触ることすらロクにできない現実にガッカリし、〝現役を引退〟。僕の野球選手としてのキャリアは12歳にしてあっけなく終了した（その後2年間、ソフトボール部で二流の内野手としてプレーした）。

自分自身が白球を追うことに別れを告げた一方で、僕は以前にも増してプロ野球観戦に熱中していた。1999年に「平成の怪物」松坂大輔が日本球界を席巻する姿に、当時中学1年生だった僕も夢中になった。このころ、数年後のプロ野球における各チームや選手の成績を勝手に予想してノートに書き出してみたり、架空の野球リーグを立ち上げる妄想に耽ったりしていた。今ふり返ると、野球オタクと中二病のマリアージュとでも言うべき症状を患っていた。もっとも、それは37歳になった今もあまり変わっていないような気もするが……。

アメリカで体感したイチロー旋風と「日韓戦」

2001年春、大手製薬会社に勤めていた父の転勤に伴い、当時14歳だった僕は日本からアメリカのイリノイ州に引っ越した。シカゴのダウンタウンからクルマで1時間ほどの郊外にある、ディアフィールドというのどかな街だ。

英語が全くしゃべれなかった僕はまず外国人向けの語学学校に通い、そこで英語漬けの生活を送った。6月にサマースクールが始まるとキャンパス内にある寮に住んで、同年代の外国人たちと一緒に共同生活を始めた。この語学学校は地元の名門私立高校の付属校で、同じキャンパスには制服を着たアメリカ人の高校生たちもいた。

生徒は全員が何かしらのスポーツクラブに入ることを義務付けられていて、何もやりたくない人には「ヨガ」という事実上の帰宅部があったのだが（当時はまだ、ヨガは今ほどポピュラーなエクササイズではなかった）、僕はせっかくなので「ベースボール」クラブに入った。野球選手として〝現役復帰〟だ。アメリカ人の高校生や韓国人のクラスメイトたちに交じって、人生で初めて硬球を握った（日本では軟式野球しか経験がなかった）。クラブはお遊び同然のユルいもので、ハードな練習など一切なし。とにかくエンジョイできればOK、という感じだった。

最初は右も左もわからず、とりあえずグラブを持ってグラウンドに向かう僕を見て、アメリカ人の高校生たちが突然何かのモノマネを始めた。右手でバットを高々と空に向かって掲げ、左手は右肩にポンと置き、鋭い視線はどこか遠くを見据える……イチローだ！　くしくもこのころ、メジャーリーガーになったばかりのイチローが開幕からヒットを打ちまくり、アメリカで大ブレイクしていた。僕は当時、周りのアメリカ人たちが話す英語の10％も理解できていなかったと思うが、イチローの打撃フォームはすぐにわかった。彼らの中には、野茂英雄のトルネード投法をマネして見せる者もいた。

この年のメジャーリーグ（ＭＬＢ）オールスターゲームは、寮のラウンジで同年代の韓国人たちと一緒に観戦した。イチローと朴賛浩（パク・チャンホ）がＭＬＢ史上初のアジア人対決を演じた瞬間を、僕は20人ほどの韓国人に囲まれて観ていた。朴がイチローをセカンドゴロに打ち取った瞬間、周囲から拍手と大歓声が上がったことを今も覚えている。

本書で僕が取り上げたかったメインテーマのひとつは「野球とナショナル・アイデンティティ」だが、そのテーマを掘り下げようと思った原点は、当時のアメリカ生活にあるのかもしれない。英語がしゃべれなくてもイチローの打撃フォームを通じてアメリカ人と仲良くなれたり、あるいは韓国人が「日韓戦」に懸ける熱意を肌で感じたりした。外国に住んで初めて自身と他者のナショナリティを意識し、かつ野球というスポーツを通して異なるナショナリティが溶け合ったりぶつかり合ったりすることを体感した。10代半ばという人生で最も多感な時期にこうした経験を積んだことは、その後の僕の人格形成や問題意識の確立に大きな影響を及ぼしたはずだ。

ちなみに、人生で初めてＭＬＢの球場を訪れたのもこのころだ。サマースクールが終わり夏休みに入ったころ、両親と一緒にシカゴ・カブスの本拠地リグレー・フィールドを訪れた。１９１４年に開場したリグレー・フィールドは、１９１２年に開場したボストンのフェンウェイ・パークに次ぐメジャーで2番目に古い球場だ。当時はカブスにサミー・ソーサがいることくらいしか知らなかったが、スタンドから見た光景と球場の雰囲気を今もぼんやりと覚えている。夏の青空と美しい緑色の天然芝、パイプオルガンの音色と自由気ままな観客のチャント、そしてサイズが大きすぎるポップコーンとコーラ……。

本場のボールパークが生み出す「グルーヴ」に心が震えるほど感動した、なんていう劇的な体験では決してなかったが、体の奥底でジワジワと感じるものがあったのだろう。数年後にはすっかりＭＬＢファンになっており、やがてＭＬＢに関わる仕事をするようにまでなったのだ。

アメリカで1年暮らした後、帰国して東京で高校生活を送っていた僕が、本格的にＭＬＢにハマった時期として記憶しているのが２００４年の秋。イチローがメジャー記録のシーズン262安打を達成し、そしてニューヨーク・ヤンキースとボストン・レッドソックスがアメリカンリーグ優勝決定シリーズで歴史的名勝負を繰り広げたときだ。

このシリーズは、レッドソックスが3連敗後に4連勝するという大逆転でワールドシリーズ進出を決めた、今もMLBファンの間で語り継がれる伝説的なシリーズだ。ヤンキースの4番は松井秀喜で、このシリーズでも第3戦で2本のホームランを放つなど大活躍していた。もちろん松井の活躍は気になったが、それ以上に僕はレッドソックスの選手たちに魅了された。野獣のような長髪にひげづらのリードオフマン、ジョニー・デイモン。ダボダボに着こなしたユニフォームの背中にドレッドヘアをなびかせ、天才的なバッティングで長打を連発するマニー・ラミレス。少年時代の大谷が憧れていた「地上最強の投手」ペドロ・マルティネス。ナックルボールしか投げないティム・ウェイクフィールド……。

ぱっと見の容貌からして日本のプロ野球ではお目にかかれないような個性溢れる選手たちばかりで、僕はすっかりMLBの虜になった。メジャーにはこんなに面白い、カッコいい選手たちがいるのか！と。当時高校3年生だった僕は大学受験勉強そっちのけで、家のテレビにかじりつきプレーオフの試合を観ていた。そして、いつしか日本のプロ野球を「ダサい」「オッサンくさい」と感じるようになり、あまりプロ野球を見なくなった。

一介のブロガーからMLBの記者席へ

受験勉強をロクにしていなかったものの、1年間のアメリカ生活で培った英語力を頼りに国際基督教大学（ICU）に進学した僕は、日常的にMLBのニュースを追いかけるようになっていた。2006年の第1回WBCも、大学の近所で借りていたぼろアパートの部屋でひとり、テレビにかじりついて観ていた記憶がある。エンゼル・スタジアムで行われた第2ラウンドの初戦、日本対アメリカの試合で1回表、アメリカの先発投手ジェイク・ピーヴィーからイチローがライトに先頭打者ホームランを放ったときの興奮は忘れられない。イチローは自らのバットで「日本の野球を舐めるなよ」というメッセージをアメリカの野球ファンに送っている、そんなふうに感じた。

このころ、日本のプロ野球はもうほとんど観なくなっていたが、自分と同学年のダルビッシュ有が球界のスーパースターに上り詰める姿は特別に印象的だった。投手としての実力もさることながら、その圧倒的にカッコいい彼の外見に同性ながら惚れぼれした。日本野球の「ダサい」「オッサン臭い」イメージを一蹴するような彼の存在は、後の僕のキャリアを開拓する原動力にまでなる……この話はまたのちほどしよう。

大学時代に僕は、野球以外に自分が夢中になれるものをもうひとつ見つけることができた。それは「ブログ」であり、さらに言うと「文章を書くこと」だ。

大学1年の冬に個人ブログを開設した僕は、最初は身近な友人たちに向けて、そして少しずつ自分が知らない誰かに向けて文章を書くようになった。高校時代には友人とロックバンドを組み、大学でも音楽系のサークルに所属したが、もしかすると自分は音楽活動以上に文章を書くことが好きなのかもしれない、と思い至ったのはこのころだ。書くという行為自体が楽しかったし、自分が書いたものに他人が反応してくれることも嬉しかった。

はじめは何の変哲もない日記のようなものを書いていたが、やがて野球や音楽やファッションなど、自分が興味あるトピックについて書くようになり、なかでも筆が進むのは野球に関する話だった。僕はいつしか〝halvish〟というハンドルネームで、MLBに関するネタを中心にしたブログを書くようになった。ブログを書く習慣は大学卒業後、就職してからも続くどころか、むしろ加速した。「ブロガー」であることや「文章を書く人」であることは、お金を稼ぐための職業や会社組織の一員であることよりも、自分にとって重要なアイデンティティになっていた。

2010年春に大学を卒業し、2年間サラリーマンとして働いた僕は若気の至りで会社を辞めて25歳で無職になった。さて人生どうしよう、と考えていた2012年の春、ダルビッシュはメジャー1年目のシーズンを迎えていた。同じ25歳だが、かたや大金を稼ぐメジャーリーガーと無職。まさに天と地ほどの違いに唖然としつつ、お金はないものの時間はあり余るほどあった僕は、日本時間の深夜や早朝に行われるダルビッシュの登板試合を全てテレビで観て、その「観戦記」をブログに書き始めた。マスメディアの記者やプロのスポーツライターは決して書かないような、個人ブログならではの主観と偏愛に満ち溢れた文章を……その年の野球シーズンが終わるまでの半年間、僕はブログを書き続けた。

そして2012年9月、僕はダルビッシュが所属するテキサス・レンジャーズの本拠地、レンジャーズ・ボールパーク・イン・アーリントンの記者席に座っていた。不法侵入したのではなく、ちゃんと球団が発行するメディアパスを首から下げていた。細かな経緯は省くが、ブログを書き続けていたことがキッカケで、ウェブメディア「日刊SPA!」の臨時記者としてレンジャーズの試合を現地取材することになったのだ。ナイトゲームが終わった後、午前1時か2時ごろまで球場の記者席に残ってキーボードを叩き、日本の編集部に原稿を送る日々を1週間続けた。

当時はまだ記者としての実績がゼロなので、原稿料はナシ。お金が欲しいなんて全く思わなかった。大好きなＭＬＢの現場を取材して記事を書いて、それが有名なメディア媒体に載るなんて夢のような話だった。

また当時、恥ずかしながら日本とアメリカの往復航空券を買う余裕もなかった僕は、顔も知らないブログの読者たちに旅費のカンパを呼びかけ、なんと10万円以上が集まった。くわえて、僕が若気の至りで辞めてしまった会社に同期入社した友人も「社内募金」を敢行し、僕のかつての上司や同僚たちから数万円を集めてくれた。今思い出しても全く頭が上がらない。あのときカンパしてくださった皆さんには決して足を向けて寝られない。

「プロの物書き」としての楽しみと葛藤

「日刊ＳＰＡ！」にノーギャラで8本の記事を寄稿した僕はその後、プロの書き手として原稿料をもらって文章を書くようになった。

「日刊ＳＰＡ！」の他に、ＭＬＢ専門誌である『スラッガー』、ＭＬＢ公式サイトの日本語版である「ＭＬＢ.ＪＰ」、ヤフー！ジャパンが運営する「スポーツナビ」、スポーツ専門ケーブルテレビ局「Ｊ ＳＰＯＲＴＳ」のウェブサイトなど、かつて僕がひとりの読者として、ひとりのMLBファンとして目を通していたメディアに、自分が書いた記事が載るようになった。個人ブログの運営も継続していたものの、更新頻度は自然と下がってしまい、いつしか更新しなくなった。僕はプロの書き手としての仕事を楽しみ、幸運にも得たチャンスなのだからと、クライアントに満足してもらえる記事を書くよう努力した。

クライアントとは多くの場合、雑誌やウェブサイトなどメディア媒体の編集者だ。彼ら彼女らは、どんな記事や見出しが読者にウケるのかよくわかっている。ページ構成や文字数など、さまざまな制約のもとで原稿を仕上げる技術にも長けている。ブログという「アマチュア」のメディアに長く親しんできた僕は、実戦を通して「プロ」としての作法を学んでいった。もっとも子どもの頃から「プロ」が書く野球記事を数多く読んできた僕にとって、それをマネするのはさほど難しいことではなかった。僕はわりとすぐにコツをつかみ、書けば書くほど仕事の幅と人脈は広がっていった。

まだ20代半ばの生意気な若造だった僕は、クライアントや仕事仲間に無理を言って「取材」という名目でいろんな場所に行かせてもらった。ニューヨーク、ボストン、サンフランシスコ、ロサンゼルス、ヒューストン、プエルトリコ、台湾、香港、タイ、ベトナム、バングラデシュ、シンガポール、沖縄……レンジャーズの本拠地アーリントンには1年半に3回も足を運んだ。もしダルビッシュがレンジャーズの選手でなかったら、まず訪れる機会のなかった場所だろう。

安定収入のないフリーランサーの身ながら、その自由さを謳歌してあちこち飛び回った日々は僕の人生における貴重な財産だ。相変わらずお金がなかったので、プエルトリコや台湾では現地の大学生が暮らす家に泊めてもらったり、アメリカでは約1か月かけて友人知人の家を泊まり歩いたりもした。思い返しても全く頭が上がらない。あのころ僕に寝るところや食事を提供してくださった皆さん、本当にありがとうございました。それから「投資」という名目で僕の旅費を出してくれたり、大した実績のない僕にさまざまな機会をつくってくれたりした当時のクライアントや仕事仲間にも改めてお礼を申し上げたい。

さて、駆け出しのライターとしては恵まれすぎというべき経験を積んでいた僕は、しかし、日本のマスメディアのあり方や「プロ」のお作法に対して次第に違和感を覚えるようになり、少しずつ仕事へのモチベーションを保てなくなっていった。

もともとブロガーだった僕は、個人メディアで好きなことを好きなように書き、その結果として少数でも熱心な読者と深くつながることができるという感覚があった。しかし、マスメディアではそうはいかない。マスメディアは不特定多数に向けたメディアであり、何より営利の追求を目的としたビジネスである。マスメディアでは当然ながら、個人ブログのように好き勝手に書くわけにはいかず、その媒体のルールや〝トンマナ〟を押さえたうえで、多くの人に興味を持ってもらえるような話を書く必要がある。マスメディアの記事には大まかなテンプレートがあり、そのテンプレートに沿って書かなければいけない。僕はこれがわりと得意ではあったと思うが、好きではなかった。自分が好きなのはやはりブログのような個人メディアを持って、自分が書きたいことを書きたいように書くことなのだと気づくまでにそう時間はかからなかった。

また、プロの書き手としても一介のフリーランサーとして活動していた僕の目に、日本のメディア業界は「既得権益の塊」に映った。イチローやダルビッシュらスター選手の周囲に群がる「取り巻き」的な人々や、一部の大手メディアが取り仕切る茶番じみた記者会見、そしてスポンサー企業や広告ありきのビジネスモデルに嫌悪感を覚えた。世間知らずだった当時の僕が「青かった」といえばそれまでだが、日本のメディア業界に対する僕の批判的なスタンスは今も変わっていないどころか、むしろ強まっている感さえある。スポーツの世界に限らず、スポンサー企業や広告に依存した日本の「ジャーナリズム」がこの国をダメにしていると感じるのはきっと僕だけではないはずだ。

より パーソナルな話をすると、20代半ばで自分のキャリアが「野球」や「ライター」という特定のトピックや職業で固定されてしまうことも嫌だった。たまたま今はこういう仕事をしているが、俺にはもっといろんな可能性があるはずで、それを追求しなければ！と思っていた。要するに若気の至りが続いていたのである。

かくして僕は、プロの物書きとして2年ほど雑多な仕事をし、楽しい経験もたくさんさせてもらった後、自分にとって楽しくない仕事を少しずつ減らしながら、その後のキャリアの方向性を模索し始めた。当時28歳、長らく続く迷走期の始まりだった。

「スポーティングニュース」副編集長に就任。そして日本脱出

ＭＬＢの試合を見ることが仕事の一部になったことを、最初のうちは「趣味が仕事になった、こんなに素晴らしいことはない！」と思っていたのだが、しばらくするとＭＬＢを以前ほど楽しめなくなっている自分に気がついた。よくある話だと思うが、好きなものが「仕事」になったがゆえに純粋なファンとして楽しめなくなったのだ。世の中には「好きなことは仕事にしないほうがいい」と言う人もいるが、たしかに好きなことを仕事にす

るのは難しい。好きなことを好きでい続けるためには、対象との距離感や関係性を見直し続ける作業が必要になる。

野球とは関係のない記事を書いたりライター以外の仕事をしてみたりもしたが、なかなかしっくりこなかった。そうこうしているうちに30歳になってしまい、無職に毛が生えたようなフリーランサーに甘んじていた僕は焦り始めた。同世代の友人たちの多くは一流企業に勤めていたり、結婚して子どもが生まれていたり、あるいは海外で活躍していたりする。他人と比較するのはナンセンスだが、そうでなくても今の生活を続けている限りは未来がない。そう悟った僕は渋々、就職することにした。２０１７年秋、約5年半ぶりのサラリーマン復帰である。

無職同然の僕を雇ってくれたのは、スポーツのデータ分析やストリーミング中継サービス「ＤＡＺＮ」などを手がけるグローバル企業、Perform Groupだった。イギリスに本社を構える同社は日本でのビジネスを急拡大中で、僕が運よく得たポジションはアメリカの老舗スポーツメディア「スポーティングニュース」日本語版の副編集長というものだった。いわゆる「編集」経験はゼロに等しかったが、ライターとしての実績を評価してもらい採用されたのだ。

1886年に創刊されたスポーティングニュースは、アメリカではとくに野球界において権威あるメディアとして知られ、僕もアメリカの編集部や記者たちと一緒に仕事をする機会を得た。最も印象に残っているのは2017年12月、大谷翔平のロサンゼルス・エンゼルス入団が決まった際に、アメリカの編集部から依頼を受けて大谷に関する英文記事を執筆したことだ。それは僕がライターとして、大谷について書いた最初で最後の記事だったが、まさか今、こうして大谷を題材に本を書くことになるなど当時は思いもしなかった。

さて、アメリカの有名なメディアに自分が書いた記事が載ったのはもちろん嬉しかったが、サラリーマンとして未熟だった僕は自分を採用してくれた上司（編集長）と仕事のやり方などを巡って対立し、結局は半年も経たずして会社を辞めてしまった。これを機にそろそろ「野球の仕事」から離れたい、さらには窮屈な日本社会を抜け出して海外に行きたいという思いが強くなっていた僕は、またしても幸運なことにマレーシアの首都クアラルンプールで仕事を得て、すぐさま格安航空会社エアアジアの深夜便に飛び乗った。当時31歳、念願の日本脱出（海外逃亡）だった。

クアラルンプールで僕を雇ってくれたのは、日本を代表するマスメディアである時事通信社。同社のマレーシア支局で経済記者として働くこと、それが僕の新しい仕事だった。

国際色豊かなクアラルンプールでの生活は新鮮で楽しかったが、肝心の仕事は3日もすると飽きてしまった。あまりに退屈なルーティンワークだったのだ。経済記者とはいっても、取材に出かけるのは週に1、2回。勤務時間の大半は狭苦しいオフィスで、現地の英字新聞の記事を日本語に翻訳する作業に費やした。おかげでマレーシアの政治や経済にはだいぶ詳しくなったが、記者として書きたいことを自由に書けるわけではなく、すでに確立されたテンプレートに沿って原稿を量産する日々がひたすら続いた。

そもそも日本の古い社会システムから逃れたいと思って海外に出たのに、時事通信社という日本の古い社会システムを象徴するような会社で働いている自分に違和感を覚えた。MLBの取材現場に「日本人村」があることは第10章で詳しく紹介したが、マレーシアにも日系企業の駐在員などにより運営される「日本人村」があった。近代的な多民族国家であるマレーシアで、時代遅れな日本式システムに固執する「日本人村」は浮いているように見えた。たとえ外国に住んでいても、日本式システムのもとで生きている限りは自由になれない。日に日にそう感じるようになった僕はまたしても、渡馬（マレーシアは漢字で「馬」と表記する）から3か月もたたないうちに会社を辞めてしまった。

単なる社会不適合者といえばその通りなのだが、ようやく日本式システムから逃れた僕の身体は解放感に満ち溢れ、バックパックひとつでマレーシア各地や周辺諸国を気ままに旅した。それは自分の人生において最も素晴らしい日々のひとつだったが、しかし生きていくためにはお金を稼がねばならない。僕は東南アジアを放浪しながら、数か月前まで自身が副編集長を務めていたスポーティングニュース日本語版の翻訳者としてアルバイトを始めた。野球ニュースを「仕事」として見る毎日に逆戻りだ。野球人気がゼロに等しい南国まで行っても、僕は野球から逃れることができなかったのだ。

「ダルビッシュから浮気したの？」

やがて海外での放浪生活が行き詰まって渋々と日本に帰ってきた僕は、今度はどういう風の吹き回しか、ヘルスケア分野専門のコンサルティング会社に就職し、それまで縁遠い世界だった日本の中央省庁や自治体、製薬会社、医療機関などを相手に仕事をするようになった。つい半年前まで短パンとビーサンでバンコクの繁華街を歩いていたのに、今はスーツ姿で霞が関を歩いている……。人生とは全くわからないものだな、なんて感慨に浸っていたのも束の間、東南アジアのスローでテキトーなリズムが身体にしみついていた僕は日本社会のメインストリームに全く適応できず、やがて心身の調子を崩して休職した。

　休職中、僕は「自分はダメ人間ではない」と自分自身に言い聞かせるかのごとく、当時住んでいた家の近くにあった多摩川の河川敷でランニングを習慣にしながら、自分の興味が赴くままにさまざまな本を読み漁った。SF小説から安っぽい自己啓発本まで幅広いジャンルの本を読んだが、社会学関連の本を多く読むようになったのはこのころからだ。大学時代も社会学を少々かじってはいたが、「社会について知りたい」という欲求は大学時代よりはるかに高まっていた。「このクソみたいな社会は一体どうなってるんだ？」、「社会を生き抜くにはどうしたらいい？」社会生活を全く上手に送れていなかった僕にとって、それは単なる学問的なテーマではなく、自分の身に差し迫る切実でリアリティある問いだった。かくして僕は、かつてなく真剣に社会と対峙するようになり、そのころはとても野球なんて見る気分にはなれなかった。

　その後、何とか社会復帰を果たした僕はついでに結婚し、さらには娘も生まれて、気づけばそれなりに社会に適応していた。コロナ禍によってリモートワークが定着し、毎日会社に行く必要がなくなったことも大きい。僕が今もサラリーマンを続けていられるのは、間違いなくこのリモートワークのおかげだ。そしてこの本を書き上げるための時間と精神的余裕を確保できたのも、リモートワークのおかげだ。

少しは慣れてきたサラリーマン生活にコロナ禍での新婚生活、そしていつしか父親に……気づけば野球から随分と遠ざかっていた僕を再び野球に引き戻してくれたのは、「2021年の大谷」だった。

多くの日本人、多くの野球ファンと同様に、僕は大谷のぶっ飛んだ活躍に魅了された。毎日、大谷の成績やニュースをチェックするのが日課になった。僕がかつてダルビッシュの「追っかけ」だったことを知る妻は、大谷について熱く語る僕を見て「ダルビッシュから（大谷に）浮気したの？」と冗談を言った。僕としては「違う、どっちも愛してるんだ！」と言いたいところだったが、正直なところ気持ちは大谷に傾いていた。当時1歳の長女も「ダルビッシュ」はうまく発音できなかったが、テレビに大谷が映ると「オータニ！」と明瞭な声で叫んだ。幼児が歩き始めるよりも先にその名前を覚える男、それが大谷だった。

大谷がアメリカンリーグMVPを満票で受賞したのが2021年11月。その翌月、僕は休職期間を含めて約3年働いた会社を辞めて、2022年1月から現職のニールセン・スポーツ・ジャパンで働き始めた。

ニールセン・スポーツは、世界各国でスポーツビジネスに関する調査やコンサルティングを手がける会社だ。対象となるスポーツは野球に限らないが、僕は再びスポーツに関わる仕事をするようになった。これも何かの縁というか、宿命なのかもしれないな、などと思いながら働き始めて半年が経ったころ、同僚とのメールのやり取りをきっかけにふと「大谷翔平の社会学」というアイデアが降ってきた。

社会学者でもスポーツ記者でもないけれど……

僕は以前から「自分が子どものころから慣れ親しんできた野球というフィルターを通して、社会について書いてみたい」という思いがあり、それが「大谷翔平の社会学」という具体的なアイデアを得たことによってようやく形になったのだと思う。

本書は「大谷翔平の社会学」と銘打ったものの、僕は社会学者ではない。学問としての社会学は大学時代に少々かじった程度で、しかも恥ずかしながら授業はサボってばかりいた（小難しい専門用語を駆使する先生の話が退屈すぎて……）。本書はいわば、一介の物書きが「社会学っぽいことをやってみた」というだけだ。

それなのに本のタイトルで堂々と「社会学」を謳うなんて、けしからん！　プロの社会学者には怒られてしまうかもしれない。でも、大谷翔平を「社会現象」として考える、という本書のコンセプトを端的に伝えるうえで「大谷翔平の社会学」以上に的確なタイトルが思い浮かばないのだ。それに、僕は社会学者ではないが、だからこそカジュアルな語り口で、堅苦しくなりすぎずに「社会」を記述できるのではないか？　そんな楽観的な考えに背中を押されて、僕はこの本を書き始めた。

また、言うまでもなく本書は「大谷翔平」を題材としたものだが、僕はスポーツ記者として大谷を取材しているわけではない。大谷本人に会ったこともなければ、話したこともない。さらに言うと、大谷がプレーする試合を生で見たことすらない。多くの人と同様、テレビやインターネットを通して大谷の活躍を追いかけているだけだ。

そんな人間が大谷をテーマに本を書くってどうなのよ？　という意見もあるかもしれない。でも、アスリートの取材を生業としているプロの記者ではないからこそ、また大谷翔平という生身の人間をこの目で見たことがないからこそ、自由に想像力を膨らませて文章を書けるのではないか、という思いがあった。もし大谷本人に会って話したら、たぶん僕はすっかり「いちファン」になってしまい、客観的な考察などできなくなってしまうだろう。

日本における「スポーツジャーナリズム」は多くの場合、プロの記者やライターが人気アスリートへの密着取材やインタビューを通して、その内容を伝えるものになる。そのようにして作られた記事や映像は、たとえばテレビ局のキャスターや通信社の記者など「特権的な立場」からアスリートの声を届けることに重きを置いていて、それゆえ健全なジャーナリズムに必要不可欠な「批判性」が生まれにくい。たとえば日本を代表するスポーツ雑誌『Ｎｕｍｂｅｒ』やＮＨＫのドキュメンタリー番組が、大谷に対する批判的な考察を世に問うたり、日本での大谷フィーバーに水を差すような論考を発表したりすることは考えにくい。マスメディアのスポーツ報道はたいていが、アスリートの「見えざる苦労」や「知られざる素顔」を描いたヒューマンドラマに仕上がるのがお決まりのパターンだ。日本球界を長年取材してきたアメリカ人作家、ロバート・ホワイティングが日本のスポーツ報道を「チアリーダー」と表現したゆえんである。

それに対して、僕がこの本でやっているのは取材らしい取材をほとんどせず、テレビやインターネット、書籍など誰でも見られる情報源、そして自分がこれまでの人生で体験し、見聞きしたいくつかの断片的な出来事に基づいて、大谷翔平という稀代のアスリートと彼の周辺で起きているさまざまな事象を自由気ままに語るという試みである。

ほとんど取材をせずに書くなんて、けしからん！　と、いまだ「現場主義」が根強いプロの記者には怒られてしまうかもしれない。でも天邪鬼な僕は、取材をしないでいったいどこまで書けるのか？　ということに挑戦してみたかったのだ。アスリートに直接話を聞けるという特権的な立場に頼らず、誰もがアクセス可能な情報と自分自身の思考力、そして筆力によってどこまで書けるのかを試してみたかったのだ。

……で、その試みは果たしてうまくいったのか？

それは、本書をここまで（願わくは全てのページを）読んでくれたあなたの判断に委ねたい。もしこの最終章までたどり着いてもらえたのだとしたら、僕の試みはきっとうまくいったはず……。

最後に、僕はこの本を書くために取材をほとんどしていない、と書いたが、必ずしもアスリートだけが取材対象じゃないし、アスリートがいる場所だけが取材の「現場」でもない。たとえば大谷がスポンサー契約を結ぶ企業の広告が溢れる東京の街中も、史上初のMLB公式戦開催に湧いた韓国の首都ソウルの梨泰院（イ・テウォン）のスポーツバーも、テレビに大谷が映ると3歳の長女がすぐさま「オータニ！」と僕に教えてくれるわが家のリビングルームも、僕にとってはどれも立派な「現場」だ。何もドジャー・スタジアムの記者席まで行かなくても、一冊の本を書くための材料を集める「現場」は日常のなかに溢れている。

そして、もしこの本が誰かにとっての「現場」になったとしたら、著者としてそれ以上に嬉しいことはない。

あとがき

一人の日本人、一人の野球ファンとして大谷翔平の活躍を嬉しく思う一方で、日本の大谷フィーバーを「ちょっと騒ぎすぎだろ」とも思う。そんなアンビバレントな自分の感覚をもう少し掘り下げて言語化し、この複雑で生きづらい現代社会の断片を自分なりに描いてみたい。そんな漠然とした思いから、本書『大谷翔平の社会学』の執筆は始まった。

この本は、僕にとって初めての著書である。過去に物書きとしてウェブ媒体や新聞、雑誌などに記事を寄稿したことはあるが、一冊の本としてまとめたのはこれが初めてだ。

サラリーマンとしての仕事や育児の合間に書き進めてきた本書の執筆には、かれこれ1年半ほど時間を要した。大谷がエンゼルスで孤軍奮闘していた2022年8月に書き始め、ドジャースの一員として韓国でデビューした2024年3月に書き終えた。

当初はアマゾンが提供しているKindle書籍のセルフ出版サービスを利用して、個人で電子書籍を販売しようと考えていた。が、執筆途中の原稿を目にした扶桑社の遠藤修哉さんが同社からの出版を提案してくださり、幸いにも新書として全国の書店に並ぶことになった（電子書籍版も販売している）。

言うなれば本書の「プロデューサー」である遠藤さんは、僕が２０１２年９月に「日刊ＳＰＡ！」でライターデビューしたときの担当編集者でもある。遠藤さんには二度も僕が物書きとして「メジャーデビュー」する機会を与えていただいた。本書が野球ファンや大谷ファンだけでなく幅広い読者層に届くよう、的確で具体的なアドバイスもいただいた。遠藤さん、どうもありがとうございました！

また、かつての仕事仲間である小島克典さんと松山ようこさんにも「スペシャルサンクス」の意を表したい。20代半ばでフリーランスライターとして仕事をしていたころ、僕は二人とともに「スポーツカルチャーラボ」というユニットを組んで活動していた。その名の通りスポーツを「カルチャー」として語ることをコンセプトに、僕らは一般的なスポーツ報道とは異なる切り口、語り口を目指す記事をさまざまな媒体で書いていた。僕が当時、駆け出しのライターでありながらもいろいろな仕事の機会に恵まれたのは小島さんと松山さんという二人の優秀なチームメイトのおかげだ。お二人とも、どうもありがとうございました。

最後に、家族にも感謝の言葉を記したい。英日翻訳者である妻は、僕がいつも野球や大谷についてあれこれ語るのを懲りずに聞いてくれた（あるいは聞き流してくれた）だけでなく、幼少期にアメリカで約10年を過ごした経験と、「野球に興味はないけど大谷は好き」という（おそらくは多くの日本人女性を代表する）立場から、僕にとっては新鮮な視点や思わぬ気づきを提供してくれた。また、今年4歳になる長女の脳内では「野球＝オータニ」という図式ができあがっている節があり、テレビ画面に中日ドラゴンズの選手が映っても「オータニ！」と叫ぶなどして、大谷がいかにビッグな存在であるかを改めて教えてくれた。そして、今年1歳になる次女はとくに何かをしてくれたわけではないが、大谷が映るテレビの前でゴロゴロと寝返りの自主トレーニングに励み、長時間の執筆でエネルギーを消耗していた僕に癒やしを与えてくれた。皆さん、どうもありがとうございました。

最後の最後に、この本を手にとってくださったあなたへ。

本書を最後までお読みいただき（あるいはそうでなくても）ありがとうございました。よろしければぜひ、本書に対するご意見をアマゾンレビューなどにお書きいただくか、もしくは僕の個人メールアドレス（halvish86@gmail.com）にお寄せください。感想、ダメ出し、仕事のオファー（何卒！）、何でも構いません。今後の執筆活動、創作活動に活かしていきたいと思います。

２０２４年４月１日　長崎にて

内野宗治

【参考文献】

マイケル・ルイス『マネー・ボール』(ランダムハウス講談社 2004年)
ベン・ライター『アストロボール 世界一を成し遂げた新たな戦術』(KADOKAWA 2020年)
ジェフ・フレッチャー『SHO-TIME大谷翔平 メジャー120年の歴史を変えた男』(徳間書店 2022年)
ロバート・ホワイティング『菊とバット』(文春文庫 1991年)
ロバート・ホワイティング『和をもって日本となす』(角川書店 1991年)
ロバート・ホワイティング『日出づる国の奴隷野球：憎まれた代理人団野村の闘い』(文藝春秋 1999年)
ロバート・ホワイティング『イチロー革命：日本人メジャー・リーガーとベースボール新時代』(早川書房 2004年)
ロバート・ホワイティング『大谷翔平はなぜメジャーリーグを沸かせるのか』(NHK出版 2019年)
ウォーレン・クロマティ、ロバート・ホワイティング『さらばサムライ野球』(講談社 1992年)
AKI猪瀬『大谷翔平とベーブ・ルース 2人の偉業とメジャーの変遷』(角川新書 2023年)
小島克典『夢のとなりで―新庄剛志と過ごしたアメリカ滞在記』(UMAJIN 2004年)
小熊英二『日本社会のしくみ 雇用・教育・福祉の歴史社会学』(講談社現代新書 2019年)
山本浄邦『K-POP現代史 韓国大衆音楽の誕生からBTSまで』(ちくま新書 2023年)
金敬哲『韓国 行き過ぎた資本主義「無限競争社会」の苦悩』(講談社現代新書 2019年)
町山智浩『アメリカは今日もステロイドを打つ USAスポーツ狂騒曲』(集英社文庫 2012年)
内田樹『街場のアメリカ論』(文春文庫 2010年)
内田樹『日本辺境論』(新潮新書 2009年)
宮台真司『14歳からの社会学―これからの社会を生きる君に』(ちくま文庫 2013年)

高城 剛『ヤバいぜっ！ デジタル日本――ハイブリッド・スタイルのススメ』（集英社新書 2006年）
高城 剛『分断した世界 逆転するグローバリズムの行方』（集英社 2018年）
川島浩平『人種とスポーツ 黒人は本当に「速く」「強い」のか』（中公新書 2012年）
志村朋哉『ルポ 大谷翔平 日本メディアが知らない「リアル二刀流」の真実』（朝日新書 2022年）
アンドリュー・ジンバリスト『60億を投資できるMLBのからくり』（ベースボール・マガジン社 2007年）
湯山玲子『クラブカルチャー！』（毎日新聞出版 2005年）
千葉雅也・二村ヒトシ・柴田英里『欲望会議 性とポリコレの哲学』（角川ソフィア文庫 2021年）
國枝すみれ『アメリカ 分断の淵をゆく 悩める大国・めげないアメリカ人』（毎日新聞出版 2022年）
佐々木 亨『道ひらく、海わたる～大谷翔平の素顔』（扶桑社文庫 2020年）
ジョーゼフ・キャンベル『千の顔をもつ英雄』〔新訳版〕（ハヤカワ・ノンフィクション文庫 2015年）
マックス・ヴェーバー『プロテスタンティズムの倫理と資本主義の精神』（岩波文庫 1989年）
ジュールズ・ボイコフ『オリンピック 反対する側の論理：東京・パリ・ロスをつなぐ世界の反対運動』（作品社 2021年）
本間 龍『東京五輪の大罪――政府・電通・メディア・IOC』（ちくま新書 2021年）
柴 那典『初音ミクはなぜ世界を変えたのか？』（太田出版 2014年）
竹内久美子『遺伝子が解く！ アタマはスローな方がいい!?』（文藝春秋 2005年）
稲田豊史『映画を早送りで観る人たち～ファスト映画・ネタバレ――コンテンツ消費の現在形～』（光文社新書 2022年）
村上春樹『やがて哀しき外国語』（講談社文庫 1997年）
村上 龍『希望の国のエクソダス』（村上龍電子本製作所 2019年）
リチャード・ドーキンス『利己的な遺伝子 40周年記念版』（紀伊國屋書店 2018年）
『Number』876号（文藝春秋 2015年）

カバー・帯デザイン・本文DTP／小田光美（オフィスメイプル）
校閲／小西義之
編集／遠藤修哉（週刊SPA!編集部）

内野宗治（うちの　むねはる）
1986年生まれ、東京都出身。国際基督教大学教養学部を卒業後、コンサルティング会社勤務を経て、フリーランスライターとして活動。「日刊SPA!」『月刊スラッガー』「MLB.JP（メジャーリーグ公式サイト日本語版）」など各種媒体に、MLBの取材記事などを寄稿。その後、「スポーティングニュース」日本語版の副編集長、時事通信社マレーシア支局の経済記者などを経て、現在はニールセン・スポーツ・ジャパンにてスポーツ・スポンサーシップの調査や効果測定に携わる

扶桑社新書 493

大谷翔平の社会学

発行日 2024年5月1日　初版第1刷発行

著　　者………内野宗治
発 行 者………小池英彦
発 行 所………株式会社 扶桑社
〒105-8070
東京都港区海岸1-2-20　汐留ビルディング
電話　03-5843-8194（編集）
　　　03-5843-8143（メールセンター）
www.fusosha.co.jp

印刷・製本………株式会社広済堂ネクスト

Printed in Japan　ISBN 978-4-594-09740-0